TROUVE TON
ÂME SŒUR

AVEC LE
THETAHEALING®

TROUVE TON ÂME SŒUR AVEC LE THETAHEALING®

VIANNA STIBAL

Compilé par Guy Stibal d'après les mots de Vianna Stibal

 PUBLISHING

www.w-cooperation.ch

Publié et distribué au Royaume-Uni par :
Hay House UK Ltd, Astley House, 33 Notting Hill Gate, Londres W11 3JQ
tél. : +44 (0)20 3675 2450, fax : +44 (0)20 3675 2451, www.hayhouse.co.uk

Publié et distribué aux États-Unis d'Amérique par :
Hay House Inc., PO Box 5100, Carlsbad, CA 92018-5100
tél. : (1) 760 431 7695 ou (800) 654 5126
fax : (1) 760 431 6948 ou (800) 650 5115, www.hayhouse.com

Publié et distribué en Australie par :
Hay House Australia Ltd, 18/36 Ralph St, Alexandria NSW 2015
tél. : (61) 2 9669 4299, fax : (61) 2 9669 4144, www.hayhouse.com.au

Publié et distribué en République d'Afrique du Sud par :
Hay House SA (Pty) Ltd, PO Box 990, Witkoppen 2068
info@hayhouse.co.za, www.hayhouse.co.za

Publié et distribué en Inde par :
Hay House Publishers India, Muskaan Complex, Plot No.3, B-2, Vasant Kunj, New Delhi 110 070
tél. : (91) 11 4176 1620, fax : (91) 11 4176 1630, www.hayhouse.co.in

Distribué au Canada par :
Raincoast Books, 2440 Viking Way, Richmond, B.C. V6V 1N2
tél. : (1) 604 448 7100, fax : (1) 604 270 7161, www.raincoast.com

Ce livre est issu des séminaires et manuels de Vianna Stibal, fondatrice du ThetaHealing®.

Texte © Vianna Stibal, 2016.

Tous droits d'auteur réservés.

Tous droits réservés. Aucune partie de ce livre ne peut être reproduite par des processus mécaniques, photographiques ou électroniques ni sous forme d'enregistrement phonographique ; ne peut être conservée dans un système de données, transmise ou copiée pour un usage public ou privé, autre que pour un « usage juste » en tant que brèves citations dans des articles ou revues, sans l'accord écrit préalable de l'éditeur.

Ceci est un livre officiel du ThetaHealing® Institute of Knowledge®. Ce livre est protégé internationalement par la Convention de Berne pour la protection des œuvres littéraires et artistiques, et par la Convention universelle sur le droit d'auteur. La marque ThetaHealing®, le ThetaHealing Institute of Knowledge®, et ThetaHealer® sont la propriété de Vianna Stibal, fondatrice du ThetaHealing, propriété de Vianna's Nature's Path. Toute utilisation non autorisée de la marque ThetaHealing® est interdite. Les remèdes, approches et techniques décrites ici ne sont pas des compléments ou substituts à un soin ou à un traitement médical professionnel. Vous ne devez pas traiter un problème médical sérieux sans la consultation préalable d'un professionnel de santé qualifié. Ni l'auteur ni l'éditeur ne peuvent être tenus pour responsables d'une perte ou d'un dommage causés par l'utilisation ou la mauvaise utilisation des suggestions faites ou par l'absence de demande de conseils médicaux.

Un enregistrement de ce livre est disponible à la British Library.

ISBN : 978-3-9524610-8-2

Images intérieures : 1, 91, 173 : Thinkstockphotos/PongsakornJun ; 203 : Vianna Stibal ; toutes les autres images : Shutterstock/PHOTOCREO Michal Bednarek et Shutterstock/sakkmesterke.

TABLE DES MATIÈRES

Liste des exercices ... vii
Préface par Guy Stibal ... ix
Introduction ... xiii

PARTIE I : LES PRINCIPES DE L'ÂME SŒUR

1. L'amour et la technique du ThetaHealing ... 3
2. Les niveaux d'amour ... 29
3. Un guide vers les âmes sœurs ... 43
4. Âmes sœurs – Travail sur les croyances ... 63

PARTIE II : LA QUÊTE DE L'ÂME SŒUR

5. Se préparer pour l'âme sœur ... 105
6. Manifester une âme sœur ... 117
7. Conseils pour les âmes soeurs ... 125
8. Conseils pour les femmes ... 141
9. Conseils pour les hommes ... 153
10. L'âme sœur et le sexe ... 161

CONTENTS

PARTIE III : VIVRE AVEC UNE ÂME SŒUR

    11.   Vivre ensemble   191

    12.   Récupérer une relation… ou avancer   207

Sources   *219*

À propos de l'auteur   *221*

LISTE DES EXERCICES

Monter au septième plan	6
La lecture méditative	8
Test énergétique : première méthode	14
Test énergétique : deuxième méthode	15
Les 5 étapes du travail sur les croyances et les 8 façons de l'approfondir	21
Croyances sur l'amour	39
Manifester des personnes positives	114
Savoir ce que tu recherches chez une âme sœur	121
Appeler ton âme sœur la plus compatible	122
Manifestation pendant 10 jours	123
Exercice pyramidal pour trouver ton âme sœur	124
Affirmations pour âmes sœurs	129
Équilibre du cerveau masculin et féminin	136
Envoyer de l'amour au bébé dans l'utérus	139
Programmer un objet inanimé	201

Programme ton environnement pour améliorer ta vie   202

Récupérer les fragments d'âme des relations passées   212

Divorce énergétique   215

PRÉFACE

Ce livre est destiné aux personnes romantiques et spirituelles qui n'ont pas perdu la foi – la foi de l'existence, quelque part dans le monde, d'une personne avec un esprit semblable qui regarde le même ciel, une personne qui pourrait être un être spécial. Quelqu'un qui pourrait partager une passion divine par nature, créant ou recréant une relation qui est ressentie par l'âme, née avec une telle intensité que les deux personnes sentent qu'elles pourraient être une partie d'un seul et même être. En résumé, il s'agit des personnes qui recherchent l'âme sœur.

Pour moi, la base de cela est la qualité mystique et romantique de l'esprit humain, qui est intrinsèque à certains d'entre nous. C'est une chose naturelle pour nous de vouloir être avec quelqu'un qui a une compréhension divine de nous et de penser que deux personnes peuvent être rassemblées pour accomplir un projet divin, travaillant avec le destin vers un but élevé.

Le désir envers une âme sœur, c'est exactement cela : l'ancien besoin de devenir le couple divin dont l'union offre une nouvelle vie à des niveaux transcendant la physique.

Dans ce contexte, trouver ton âme sœur a des ramifications plus profondes. L'union d'âmes sœurs correspond à la création d'une énergie extraordinaire. Cette énergie est ce que certains appellent la pierre philosophique ; les Gallois l'appellent l'Awen – inspiration divine venant de la passion qui dort profondément en nous, attendant l'accomplissement qui ne peut être amené que par l'union de deux âmes compatibles. L'inspiration découle ensuite de tous les autres aspects qui constituent notre existence.

Tel un galet lancé dans une piscine d'eau tranquille, cette union de deux âmes envoie des ondulations vers l'extérieur dans une expression de timing divin sur une large échelle. Ce timing divin travaille à plus d'un niveau. Premièrement, l'union entre deux âmes stimule l'évolution des esprits éternels des deux personnes impliquées. Deuxièmement (et c'est peut-être le plus important), cela est créé par le cosmos pour inspirer les autres et les aider dans leur évolution spirituelle. Cela crée une énergie composée de lumière – une bougie de plus pour illuminer le monde.

Beaucoup d'entre nous sommes nés dans ce monde en sachant ce qu'être aimé par une autre personne devrait être, mais ne sachant pas comment accomplir ce désir de la meilleure et de la plus élevée des manières. Afin de réaliser ce désir de cœur et de pouvoir nous sentir à l'aise avec une autre personne, nous devons d'abord nous aimer suffisamment nous-mêmes, et nous devons faire acte de foi. Ce n'est pas aussi simple qu'il y paraît. Cela demande beaucoup de courage d'aimer quelqu'un complètement. De nombreuses personnes savent, d'instinct, que des sentiments pour une autre personne qui sont très intenses, très prenants, sont risqués, et beaucoup évitent ce genre de relations intimes par peur. D'autres personnes les évitent parce qu'elles n'y croient tout simplement pas.

Assurément, à une époque, j'avais abandonné l'idée du vrai amour et je ne croyais plus trouver la grande prêtresse, celle-là même que l'univers continuait à m'assurer qu'elle arriverait. J'allais jusqu'à penser me faire moine et disparaître dans l'ascétisme. Mais le 1er avril 1997 (pour mon 37e anniversaire), alors que la comète Hale-Bopp avait passé le périhélie, je savais que le changement était dans l'air. Telle une pluie torrentielle que tu ressens un jour clair et sans vent, quelque chose arrivait. La tempête de pluie a commencé en août, et les vents et les eaux appelés Vianna m'ont balayé dans une vision de ThetaHealing® qui a commencé par un baiser. À l'automne de cette même année, nous étions amoureux, nos destinées fusionnaient et nous étions sur les ailes d'une prière. Je pense que le magnétisme de l'âme sœur est ce qui s'est passé entre Vianna et moi avec ce premier baiser, et cela continue aujourd'hui. Ce livre est dédié à notre histoire d'amour et à toutes les personnes romantiques. Maintenant, mon ami, fais ce voyage avec Vianna et réaffirme ta certitude dans le véritable amour !

Guy Stibal

INTRODUCTION

Ce livre est inspiré de mon histoire d'amour avec mon mari, Guy Stibal. Cette histoire a commencé il y a dix ans, avant même que je ne le rencontre, lorsque j'ai commencé à avoir des visions d'un homme venant du Montana. En ce temps-là, je savais que quelque chose manquait dans ma vie – un grand et profond amour dont j'avais déjà fait l'expérience et que je voulais revivre. Je savais que cet amour était passionné et profond, au-delà de ma compréhension humaine. Je sentais aussi qu'une fois que j'aurais rencontré cet homme, nous nous reconnaîtrions.

Je me sentais coupable par rapport à ces visions, car j'étais dans une relation à ce moment-là. Mais elles ne voulaient pas s'arrêter. Elles ont duré plusieurs années et se sont intensifiées lorsque j'ai commencé à faire des lectures et donc appris à les exprimer. C'est ainsi que j'ai appris quelque chose de très important : si tu ne suis pas tes rêves, tu autorises les autres à construire ta vie à ta place. Jusqu'au moment où j'ai appris à exprimer ce que je voulais, je vivais ma vie selon ce que les autres voulaient que je fasse.

Dans mes relations, avant de rencontrer Guy, je ne savais pas comment me faire aimer. Je pense que c'était parce que je ne m'aimais pas. Mes relations n'ont pas fonctionné en raison de problèmes de compatibilité, et j'étais assez intelligente pour quitter ces personnes, mais j'avais aussi la conviction que je *devais* les quitter avant que je puisse trouver mon homme du Montana.

Ensuite, je suis arrivée à un point où j'ai retrouvé mon estime personnelle et où j'ai exprimé ce que je voulais comme homme. Et j'ai fini par trouver quelqu'un avec qui je pouvais imaginer vivre pendant toute ma vie. Quand nous nous sommes mis ensemble avec Guy, je pouvais me voir assise sur une chaise à bascule et vieillir avec lui. La pièce manquante du puzzle est finalement arrivée. Nous avons écrit un livre ensemble à ce sujet, *On the Wings of Prayer*.

Ce qui m'a aidé à manifester une âme sœur était les lectures et les consultations que j'ai faites. Grâce à ces consultations, j'ai constaté que d'autres cherchaient aussi leur âme sœur. En fait, la question la plus fréquemment posée sur les relations était : « Est-ce que je trouverai l'âme sœur ? »

Ce n'est qu'après avoir rencontré Guy que j'ai commencé à réfléchir sur la façon d'aider les gens à trouver cette personne si particulière. J'ai commencé par les encourager à exprimer le type d'âme sœur qui serait le plus compatible. Ensuite, j'ai décidé de mettre notre histoire d'amour dans un livre pour aider les gens à voir qu'il était possible de trouver l'âme sœur.

Au fil du temps, j'ai constaté que le fait d'exprimer cela était efficace pour certaines personnes, mais que cela ne fonctionnait pas pour tout le monde. Comme j'ai fait beaucoup de lectures et que j'ai rencontré des milliers de scénarios différents, des modèles ont commencé à apparaître. Au moment où j'ai développé le ThetaHealing et le travail sur les croyances, j'ai constaté qu'il y avait beaucoup de systèmes de croyances négatifs liés aux relations et à l'amour. L'un des plus basiques était : « Il est impossible de trouver une âme sœur compatible. »

Dans ce livre, je vais te montrer comment changer ces croyances, trouver une âme sœur et profiter d'une relation amoureuse avec elle.

COMMENT UTILISER CE LIVRE

Ce livre est le compagnon d'un premier livre, *ThetaHealing*, et d'un deuxième, *ThetaHealing avancé*. Dans *ThetaHealing*, j'explique, étape par étape, les processus de la lecture, de la guérison, du travail sur les croyances, du travail sur les sentiments, de l'approfondissement et du travail sur les gènes, et il propose une introduction aux plans de l'existence, ainsi que des connaissances supplémentaires pour les débutants. *ThetaHealing avancé* est un guide approfondi sur le travail sur les croyances, sur les sentiments et l'approfondissement. Il donne des indications sur les plans d'existence et les croyances que je pense être essentielles à l'évolution spirituelle. Il n'inclut pas les processus étape par étape de la technique du ThetaHealing. Or, il est nécessaire de comprendre ces processus afin d'utiliser pleinement ce livre. Cependant, il y en a une courte description dans le premier chapitre.

Ces techniques sont des processus de méditation qui, je crois, créent une guérison physique, psychologique et spirituelle à l'aide des ondes cérébrales Thêta. Lorsque nous sommes dans un état d'esprit Thêta pur et divin, nous sommes en mesure de nous connecter au Créateur de Tout ce qui est grâce à une prière ciblée. Le Créateur nous a donné une connaissance fascinante que tu es sur le point de recevoir. Cela a changé ma vie et la vie de beaucoup d'autres personnes.

Il existe toutefois une exigence absolue pour cette technique : tu dois avoir une croyance centrale dans un Créateur, Dieu, le Créateur de Tout ce qui est, ou quel que soit le nom que tu lui donnes. (Le ThetaHealing n'a pas d'affiliation religieuse, et j'ai remarqué que le Créateur a de nombreux noms, comme Dieu, Bouddha, Nirvana, Allah, Shiva, Déesse, Jésus, Source et Yahweh). Puis, avec l'étude et la pratique, tout le monde peut y arriver – quiconque croit en l'essence du Tout ce qui est qui coule à travers toutes choses ! Les processus de ThetaHealing ne sont pas réservés à un âge, un sexe, une race, une couleur ou un principe. Toute personne ayant une croyance pure en Dieu peut accéder et utiliser les branches de l'arbre ThetaHealing.

Même si je partage cette information avec toi, je n'accepte aucune responsabilité pour les changements qui pourraient résulter de son utilisation. La responsabilité est la tienne – cette responsabilité que tu assumes lorsque tu te rends compte que tu as le pouvoir de changer ta vie, ainsi que la vie des autres.

Ce que je vais tenter de faire, c'est de te donner des conseils spirituels pratiques concernant l'amour, les relations et, en particulier, les âmes sœurs. Tu es peut-être à la recherche de l'amour, un amour qui est divin. Tu n'es peut-être jamais tombé(e) amoureux(se) et tu es à la recherche de cette personne spéciale. Tu es peut-être seul(e). Il y a beaucoup de gens seuls dans le monde, et j'espère que ce livre les aidera à trouver un partenaire. Il te donnera des indications non seulement sur la façon de trouver une âme sœur, mais aussi sur la façon de la garder. Et si tu as déjà trouvé ton âme sœur, cela t'aidera dans ta relation avec elle.

Une dernière chose importante avant d'utiliser ce guide. C'est un guide pour les rencontres et les unions. Ce n'est pas un blanc-seing pour quitter ton amoureux ou ton partenaire actuel. Il n'a pas été conçu comme un « destructeur de relations ». N'utilise pas le ThetaHealing comme un prétexte parce que tu veux quitter ton amoureux, ton épouse ou ton mari ! On ne sait jamais, les gens peuvent changer, et, avec toutes ces vieilles croyances dépassées, pourraient se dévoiler en tant qu'âme sœur compatible, voire divine.

Je pense que, depuis l'année 1998, plus d'âmes sœurs se sont trouvées que durant toute l'histoire de l'humanité. Je crois que c'est à cause de la modification de l'énergie électromagnétique de la Terre et l'évolution spirituelle que nous sommes en train de vivre. C'est une ère où nous commençons à nous aimer assez pour penser que nous méritons une âme sœur compatible ou divine. J'espère que tu trouveras la tienne.

Partie I

LES PRINCIPES DE L'ÂME SŒUR

Chapitre 1

L'AMOUR ET LA TECHNIQUE DU THETAHEALING

Je pense qu'il y a une personne spéciale dans le monde pour chacun d'entre nous. Ouvre tes yeux au monde autour de toi et tu la trouveras. Le ThetaHealing peut t'aider. Voici comment.

UN RAPIDE RAPPEL DE LA TECHNIQUE THÊTA

Dans ce livre, tu vas utiliser une technique qui t'emmène dans une onde cérébrale Thêta. Pour que tu puisses comprendre cela, je te propose ce résumé de mes deux premiers livres. Il est important que tu aies au moins un aperçu des branches de l'arbre ThetaHealing.

L'onde cérébrale Thêta

Tout ce que nous faisons et disons est régulé par la fréquence de nos ondes cérébrales. Il existe cinq ondes cérébrales : alpha, bêta, delta, gamma et thêta. Le cerveau produit systématiquement des ondes dans toutes ces fréquences.

Une onde cérébrale Thêta est un état de détente très profond, un état de rêve, toujours créatif, inspirant et caractérisé par des sensations très spirituelles. Je pense que cet état permet l'accès à l'esprit subconscient et ouvre un chemin direct à la communication avec le divin. Je pense que, une fois que tu prononces le mot « Dieu », tu es dans une onde Thêta consciente.

Lorsque nous sommes dans un état d'esprit Thêta, nous pouvons envoyer notre conscience au-delà de ce corps mortel, vers ce que l'on appelle le septième plan de l'existence, pour se connecter à l'énergie du « Tout ce qui est », qui est inhérente à tout dans l'univers. Des études ont montré que les guérisseurs et les personnes guéries tombent dans une fréquence thêta-delta. Cela peut expliquer les expériences visionnaires de certains guérisseurs.

Nous atteignons l'énergie du « Tout ce qui est » en utilisant la méditation suivante. Cette « carte routière » mentale ouvre ton esprit pour te permettre d'atteindre le septième plan d'existence et stimule les neurones dans ton cerveau pour te connecter à l'énergie de la création. Tu fais un voyage interne pour trouver ton propre Créateur qui est en toi et tu voyages vers la conscience cosmique en même temps.

MONTER AU SEPTIÈME PLAN

Centre-toi dans ton cœur et visualise-toi descendre dans la Terre Mère. Imagine l'énergie monter sous tes pieds depuis le centre de la Terre et à travers ton corps jusqu'au sommet de ta tête et créer une magnifique boule de lumière. Tu es dans cette boule de lumière. Prends le temps de remarquer sa couleur.

Maintenant, imagine-toi aller au-delà de l'univers.

Maintenant, imagine-toi aller dans la lumière au-delà de l'univers. Il y a une grande et magnifique boule de lumière.

Imagine-toi traverser cette lumière et tu verras une autre lumière étincelante, et une autre et encore une autre. En fait, il y a de nombreuses lumières étincelantes. Continue. Entre ces lumières, il y a des lumières sombres, mais ce n'est qu'une couche avant la prochaine lumière, alors continue. Tu vas traverser tous les plans de l'existence.

Finalement, tu vas voir une grande lumière brillante. Passe à travers elle. En faisant cela, tu vas voir une énergie plus sombre, une substance qui ressemble à de la gelée. Elle contient toutes les couleurs de l'arc-en-ciel. Lorsque tu la traverseras, tu verras qu'elle change de couleurs. Tu verras toutes sortes de formes et de couleurs. Ce sont les lois qui gouvernent l'univers.

Au loin, il y a une lumière blanche iridescente. Elle est de couleur blanc bleuâtre, comme une perle. Va vers cette lumière. Évite de te laisser distraire par la lumière bleu profond que tu vas voir. C'est la loi du magnétisme. Elle te parlerait et tu passerais un moment agréable, mais tu communiquerais avec elle pendant des heures. Si tu le souhaites, parle-lui après avoir été au septième plan.

En t'approchant de la lumière blanche, tu verras peut-être une brume rose. Continue jusqu'à ce que tu la voies. C'est la loi de la compassion, et elle te poussera dans l'endroit spécial que tu recherches.

Il n'y a que de l'énergie sur le septième plan, pas de gens ou de choses. Donc si tu vois des gens, va plus haut.

C'est depuis le septième plan que le Créateur de Tout ce qui est peut effectuer des guérisons instantanées et que tu peux créer dans tous les aspects de ta vie.

Entraîne-toi à aller au septième plan de l'existence pour trouver l'essence la plus pure de l'énergie du Tout ce qui est. Ce processus va déverrouiller des portes dans ton esprit pour te connecter avec le Tout ce qui est.

La lecture

Maintenant que tu disposes des informations de base concernant cette technique, nous allons réunir toutes les pièces pour voir à distance, ce que j'appelle « la lecture ».

La structure de la lecture est simple :

La lecture

1. Centre-toi dans ton cœur et envoie ton énergie dans la Terre Mère.
2. Prends de l'énergie à travers ton corps, ouvrant et alignant tous tes chakras, toute l'énergie recentrée dans ton corps.
3. Monte et sors par ton chakra de la couronne dans une magnifique boule de lumière. Va dans l'univers.

4. Passe à travers les plans de l'existence en utilisant la carte routière vers le Tout ce qui est (ci-dessous).

5. Connecte-toi avec le septième plan de l'existence et le Créateur de Tout ce qui est.

6. Passe la commande et demande (la commande est pour ton inconscient, la demande pour le Créateur), sois témoin de la lecture en le disant silencieusement :

   « *Créateur de Tout ce qui est, une lecture est commandée pour [prénom de la personne].* »

7. Va dans l'espace de la personne et sois témoin de tout ce dont tu as besoin pour cette lecture.

8. Une fois que tu as fini, rince-toi avec l'énergie du septième plan et restes-y connecté(e).

Une fois que tu es en mesure de faire cette méditation, tu es prêt(e) à faire le travail sur les croyances. Le travail sur les croyances est important, car il te montrera ce que tu crois sur les relations et la recherche d'un partenaire de vie. L'une des meilleures façons de savoir si tu es prêt(e) pour une âme sœur est de travailler sur les croyances et les sentiments.

Travail sur les croyances et les sentiments

Le travail sur les croyances nous donne un moyen de découvrir comment nous nous sentons vraiment à propos des relations et, tout aussi important, à propos de nous-mêmes. Si nous sommes à l'aise avec nous-mêmes, nous pouvons vivre avec nous-mêmes. Cela signifie que quelqu'un d'autre peut aussi vivre avec nous. Si nous avons des incohérences en nous, elles se manifesteront dans les gens qui sont attirés par nous. Ces personnes auront nos aspects négatifs aussi bien que positifs.

Habituellement, nous ne sommes pas conscients de ce processus, ni même de nos croyances. Beaucoup d'entre nous ont eu des relations difficiles dans le passé qui auraient pu être évitées si nous n'avions que les bons outils psychologiques et spirituels.

Il existe de nombreux systèmes de croyances contradictoires en ce qui concerne les questions du cœur. Par exemple, une personne qui veut être complètement indépendante et qui demande *en même temps* une âme sœur pour partager sa vie. Ces deux systèmes de croyances s'opposent, évidemment.

IDans les séances de lecture, j'écoute souvent des femmes me dire : « Il n'y a rien là dehors, que des hommes pourris. » En conséquence, tout ce qu'elles vont trouver sont des hommes pourris. J'entends la même chose des hommes avec qui je parle. Ils disent : « Il n'y a rien là dehors, que des femmes qui utilisent les hommes. » Et puisque c'est ce qu'ils croient, c'est tout ce qu'ils trouveront, car c'est ce que leur inconscient croit qu'ils veulent.

Le travail sur les croyances peut être facilement interprété et compris d'un point de vue psychologique, comme l'ouverture d'un portail à l'inconscient pour créer des changements en son sein. En observant les gens dans les séances de travail sur les croyances, il semble qu'il y ait une bulle de protection autour de l'inconscient – du moins chez certaines personnes. Cette protection permet au disque dur du subconscient de nous isoler de la douleur, ou de ce qu'il perçoit comme étant douloureux pour nous ; nous devrions essayer de changer ce que le ThetaHealing appelle des « programmes ».

Programmes

Notre cerveau fonctionne comme un super ordinateur biologique, évaluant l'information qui arrive à nous et y répondant. La façon dont nous répondons à une expérience dépend de l'information qui est donnée à notre inconscient et de la manière dont elle est reçue et interprétée. Lorsqu'une croyance a été acceptée comme vraie par l'esprit, nous pensons qu'elle devient un « programme de croyance ».

Les programmes peuvent être bénéfiques pour nous ou préjudiciables, en fonction de ce qu'ils sont et de la manière dont nous y réagissons. De nombreuses personnes, par exemple, vivent la majeure partie de leur vie avec le programme caché qu'elles ne peuvent pas avoir de succès. Même si elles ont beaucoup de succès pendant plusieurs années, elles peuvent soudainement perdre tout ce qu'elles ont à cause de ce programme. Sans réaliser qu'elles sont en train de se saboter elles-mêmes, elles continuent ce processus. Elles ne comprennent pas qu'elles ont des programmes profondément ancrés en elles, flottant dans l'esprit inconscient, attendant l'opportunité de s'exprimer dans le monde extérieur.

Le travail sur les croyances nous donne la capacité de retirer ces programmes négatifs et de les remplacer avec des programmes positifs. Cela vient du fait que nous pouvons créer des changements grâce à la force la plus puissante de l'univers : l'énergie des particules subatomiques.

Tout au long de notre vie, en apprenant et en grandissant, beaucoup d'entre nous ont remarqué que les changements et l'évolution peuvent être difficiles. Lorsque nous sommes enfants, nos expériences avec les changements peuvent nous apprendre qu'ils sont douloureux, voire dangereux. Par exemple, cela peut être traumatisant de changer d'école. Si nos parents sont divorcés ou si un membre de la famille ou un ami décède, une bulle commence à se former autour de notre inconscient, comme un moyen de nous isoler de la douleur. Lorsque nous grandissons, les changements et l'évolution (notamment perçus par la mentalité occidentale) sont aussi en grande partie considérés comme douloureux. Lorsque nous perdons notre emploi ou changeons de travail, perdons un amoureux, ou lorsque notre corps vieillit, notre perception des changements peut devenir progressivement plus négative. Donc, même une tentative de changements positifs peut être perçue comme douloureuse et la bulle de protection reste en place. En grandissant, il devient de plus en plus difficile d'effectuer des changements qui risquent de nous paraître douloureux : les couches de protection deviennent de plus en plus épaisses.

Le travail sur les croyances est un moyen de percer les couches pour atteindre l'inconscient, afin d'effectuer des changements sans créer ou recréer la douleur.

Les niveaux de croyance

Nous pensons qu'il y a 4 niveaux de croyance dans une personne, dans lesquels les programmes sont retenus :

1. *Le niveau de base* : les croyances de base sont composées de ce qui nous a été dit et que nous avons accepté lors de notre enfance dans cette vie. Elles sont devenues une partie de nous. Elles sont retenues en tant qu'énergie dans le lobe frontal du cerveau.

2. *Le niveau génétique* : sur ce niveau, les programmes sont repris de ceux de nos ancêtres ou sont ajoutés à nos gènes dans cette vie. Ces croyances sont stockées en tant qu'énergie dans le champ morphogénétique autour de l'ADN physique. Ce champ de connaissances est ce qui dit à la mécanique de l'ADN ce qu'elle doit faire.

3. *Le niveau historique* : ce niveau concerne les mémoires d'une vie passée, ou des mémoires génétiques profondes, ou des expériences de conscience collective que nous avons reportées dans le présent. Elles sont retenues dans le champ aurique.

4. *Le niveau de l'âme* : ce niveau concerne tout ce que nous sommes.

Test énergétique

Afin de pouvoir déterminer si une personne a un certain programme de croyance, nous utilisons une méthode simple appelée « test musculaire » ou « test énergétique », qui ressemble beaucoup à la kinésiologie. Cela nous dit quels programmes la personne a ou n'a pas sur l'un des quatre niveaux que nous venons d'évoquer.

Le test énergétique est une procédure directe pendant laquelle le praticien teste le champ énergétique ou l'essence du Tout ce qui est d'une personne. Cela est issu de la forme conventionnelle de la kinésiologie diagnostique médicale. Cela permet au praticien et au client d'expérimenter une réaction à un stimulus et d'obtenir une validation physique et visuelle qu'un programme existe. Le corps doit être bien hydraté pour que le test musculaire fonctionne. Une fois que le corps est bien hydraté, le test musculaire est un outil utile. Il y a deux méthodes distinctes pour le test énergétique lors d'un travail sur les croyances.

TEST ÉNERGÉTIQUE : PREMIÈRE MÉTHODE

Assieds-toi face au client. Avec un mouvement de haut en bas, déplace ta main devant sa poitrine, en faisant un mouvement de coupe en bas puis vers le haut. Cela le « zippera », rassemblant son champ électromagnétique afin qu'il puisse effectuer le test correctement.

1. Demande à ton client de créer un cercle avec son pouce et son index. Dis-lui de le maintenir fermement.

2. Demande-lui de dire « je suis un homme » ou « je suis une femme » selon son genre. Par exemple, si c'est une femme, demande-lui de dire « je suis une femme ».

3. Tire ses doigts pour évaluer une prise « forte » ou « faible ». Les doigts doivent être très serrés, indiquant une réponse forte ou un « oui ». S'ils se détachent de manière lâche, cela indique une réponse faible ou un « non ». Cela indique aussi une déshydratation. Donne-lui un verre d'eau.

TEST ÉNERGÉTIQUE : DEUXIÈME MÉTHODE

Il y a un autre test musculaire que tu peux utiliser lorsque tu te guéris, avec quelqu'un au téléphone, ou en présence de clients.

1. En se tenant face au nord, la personne testée doit dire : « oui ». Son corps devrait se pencher vers l'avant pour une réponse positive.

2. En disant : « non », son corps devrait se pencher vers l'arrière, ce qui indique une réponse négative.

3. Si son corps ne se penche pas du tout, il est possible que la personne soit déshydratée.

4. Si elle se penche vers l'avant pour le « non » ou vers l'arrière pour le « oui », cela indique aussi une déshydratation.

5. Lorsque la personne se penche vers le nord pour le « oui » et vers l'arrière pour le « non, » elle est prête pour être testée au niveau des programmes.

Approfondir

L'une des façons dont un praticien de ThetaHealing peut devenir plus efficace dans une séance individuelle est d'utiliser ce que l'on appelle « approfondir ». L'approfondissement est un test d'énergie pour trouver la croyance de base qui tient de nombreuses autres croyances en place. Le praticien joue le rôle d'enquêteur, cherchant les problèmes émotionnels qui sont la cause principale des croyances qui en découlent. Lorsque le praticien teste énergétiquement la personne, les déclarations faites par celle-ci donneront des indices sur la croyance clé.

Il est utile de visualiser le système de croyances comme une tour composée de blocs. Le bloc inférieur est la croyance clé qui tient le reste des croyances. Demande toujours au Créateur : « Quelle croyance clé détient ce système de croyances intact ? » Tu peux économiser des heures en recherchant et en éliminant les principales croyances clés.

Le processus est simple ! Tout ce que tu as à faire est de demander « Qui ? », « Quoi ? », « Où ? », « Pourquoi ? », et « Comment ? » L'esprit du client va approfondir pour toi, accédant aux informations comme un ordinateur, et te donnera les réponses à toutes les questions.

S'il semble bloqué en cherchant une réponse, ce n'est que temporaire. Change la question, passe de « Pourquoi ? » à « Comment ? », etc., jusqu'à ce qu'une réponse se manifeste. S'il n'y a pas de réponse, demande : « Si tu connaissais la réponse, que serait-elle ? » Avec un peu de pratique, tu apprendras comment accéder à la capacité de ton esprit à trouver les réponses. Et à tout moment dans le processus de travail sur les croyances, le Créateur peut venir à toi et te donner la croyance de fond que tu recherches, donc sois ouvert à l'intervention divine.

Dès que tu as la croyance clé, demande au Créateur si tu dois la libérer, la remplacer, ou simplement en annuler certains aspects. Il ne faut jamais remplacer un programme sans discernement. Ce qui pourrait être au début perçu comme négatif peut en fait être bénéfique.

Approfondissement ne veut pas dire, cependant, demander au Créateur ce qu'il faut changer, et rien de plus. Cela implique une discussion avec le client, puisque le simple fait de parler d'un sujet le libérera d'une partie du problème. Cela mettra le programme en lumière pour l'esprit conscient, afin d'être libéré spontanément.

Lorsque tu remplaces un programme, la première chose est de comprendre sur quelles connexions neuronales travailler. Puis, une fois que tu auras modifié les synapses, tu dois aussi t'assurer de changer les modèles associés qui pourraient interférer avec le nouveau concept. Rappelle-toi que les croyances historiques et les gènes peuvent aussi bloquer l'insertion d'une nouvelle croyance.

Le point le plus important est l'interaction client-praticien, mais le client ne doit pas trop se concentrer sur l'idée que son cerveau a été reprogrammé, ou que son inconscient pourrait essayer de remplacer le nouveau programme par l'ancien.

Trouve toujours comment la croyance de fond est bénéfique à la personne et ce qu'elle en a appris. Il y a généralement un aspect positif à la plupart des croyances de fond, comme : « si je suis en surpoids, mes sentiments sont en sécurité » ou « si je suis en surpoids, mes sentiments les plus profonds restent cachés. » Comme tu peux le voir, notre esprit fait toujours de son mieux pour nous protéger de la douleur. S'assurer qu'une personne comprend pourquoi elle a eu un programme qui n'était pas le meilleur pour elle l'aidera à éviter de recréer la même énergie.

Il est toujours mieux de trouver le programme le plus profond avant que la séance ne se termine. Le travail sur les sentiments t'aidera, puisque dans de nombreux cas, l'insertion de sentiments accélérera le processus pour trouver le programme le plus profond.

Travail sur les sentiments

De nombreuses personnes ne savent pas comment exprimer leur amour pour une âme sœur, et ce, parce qu'elles n'ont jamais développé ces sentiments. Il est difficile d'attirer une âme sœur si tu n'es pas capable de lui rendre l'amour qu'elle te voue.

Certaines personnes n'ont jamais fait l'expérience de l'énergie de certains sentiments dans leur vie. Peut-être qu'elles ont été traumatisées en tant qu'enfant et qu'ils n'ont pas développé ces sentiments, ou peut-être les ont-elles perdus quelque part dans un drame de cette existence.

Ne jamais avoir connu ce que c'est que d'être aimé, par exemple, ou d'être riche est la raison pour laquelle, lorsque nous voulons tendre vers une âme sœur, ou vers l'abondance, ces manifestations n'aboutissent pas. Afin d'exprimer ce que nous voulons, nous devons tout d'abord faire l'expérience de ces sentiments.

Cela nous montre qu'il y a des possibilités dans l'univers et qu'il est possible pour nous d'y croire.

Afin de faire l'expérience de ce que c'est que d'être aimé par quelqu'un, ou de tout autre sentiment avec lequel nous ne sommes pas familiers, le Créateur doit nous montrer la voie.

Pour donner à un client l'expérience d'un sentiment particulier, un praticien de ThetaHealing doit obtenir une permission verbale puis se connecter au Créateur de Tout ce qui est. Le praticien doit ensuite être témoin de l'énergie du sentiment qui se « télécharge » depuis le Créateur vers la personne0 et qui s'écoule à travers toutes les cellules de son corps et sur les quatre niveaux. De cette façon, ce que l'on mettrait une vie à apprendre peut être appris en quelques secondes.

Tout comme avec le travail sur les croyances, le test énergétique est utilisé pour vérifier ce que quelqu'un ne comprend pas comment ressentir ou ce qu'il ne sait pas, en utilisant les phrases types suivantes :

- « Je comprends ce que c'est que de… »
- « Je sais… »
- « Je sais quand… »
- « Je sais comment… »
- « Je sais comment vivre ma vie quotidienne… »
- « Je connais la perspective du Créateur de Tout ce qui est sur… »

- « Je sais qu'il est possible de… »
- « Je suis… »
- « Je fais… »

Par exemple :

- « Je comprends ce que c'est que de faire confiance. »
- « Je sais faire confiance. »
- « Je sais quand faire confiance. »
- « Je sais comment faire confiance. »
- « Je sais comment vivre ma vie quotidienne en faisant confiance et en étant digne de confiance. »
- « Je connais la perspective du Créateur de Tout ce qui est sur la confiance et comment faire confiance. »
- « Je sais qu'il est possible de faire confiance et d'être digne de confiance. »
- « Je suis digne de confiance. »
- « Je fais confiance. »

Une fois qu'elle a fait l'expérience du sentiment, la personne est prête à créer des changements dans sa vie. J'ai vu beaucoup de changements de vie simplement en téléchargeant des sentiments du Créateur.

En ThetaHealing, tu peux aussi être ton propre praticien et faire ton propre travail sur les croyances ou les sentiments.

Voici comment effectuer le processus de travail sur les croyances ou les sentiments, y compris l'approfondissement, présenté comme si tu étais en train de travailler avec une autre personne :

Les 5 étapes du travail sur les croyances et les 8 façons de l'approfondir

Étape 1 : Établis un lien de confiance

- Le client doit se sentir à l'aise.
- Écoute ce que le client a à dire. Reconnais ce qu'il a à dire et questionne-le sans être agressif.
- Il est important d'avoir un contact visuel avec le client. Observe le langage corporel du client. Cela te donnera une indication lorsque tu atteindras un point sensible durant la séance de travail sur les croyances.

Étape 2 : Identifie le problème

- Détermine sur quel problème (quelle croyance) le client aimerait travailler pendant cette séance. C'est sur la croyance de surface que tu vas travailler pour trouver la croyance de fond.
- Identifie comment la croyance est exprimée dans une situation spécifique de la vie du client.

- Effectue un test énergétique pour déterminer ce que le client croit être vrai.

- Fixe un but commun avec le client : « Approfondissons ensemble vers le problème de base. »

Étape 3 : Commence le processus d'approfondissement

Approfondir vers la croyance de fond va libérer toutes les croyances empilées sur elle. Il n'y a pas deux personnes semblables et il est important de noter que toutes les séances d'approfondissement seront différentes les unes des autres. Il y a huit approches pour effectuer l'approfondissement. Les voici :

1. Questions basiques

- Commence par poser des questions basiques. Comme :

    « Qui ? »

    « Quoi ? »

    « Où ? »

    « Pourquoi ? »

    « Comment ? »

- Exemple :

    « Pourquoi penses-tu cela ? »

    « Qu'as-tu appris de cela ? »

    « Que retires-tu de cela ? »

- Si la personne dit : « je ne sais pas », demande : « et si tu savais ? » ou « mais si tu savais, ce serait quoi… ? ». C'est une ouverture vers des programmes de croyance plus profonds.

2. Phobie

- Identifie la peur la plus profonde qui est à la base de toutes les autres peurs. Demande :

    « Quelle serait la pire chose qui pourrait se passer si tu étais dans une telle situation ? » « Que se passerait-il ensuite dans cette situation ? »

3. Drame (traumatisme)

- Identifie un incident dans le passé qui a provoqué des émotions négatives comme la colère, la tristesse, la rancune, la culpabilité, et le refus.

- Puis identifie les indicateurs actuels des sentiments de la personne :

    « Quand as-tu commencé à te sentir comme cela ? »

    « Envers qui vous sentez-vous comme cela ? »

    « Où étais-tu quand tu as commencé à te sentir comme cela ? »

    « Que se passait-il à ce moment-là ? »

    « Que ressentais-tu à propos de cette situation ? »

    « Quelle action aimerais-tu entreprendre quant aux sentiments que tu ressens dans cette situation ? »

- Identifie comment le sentiment évolue :

    « Quand était-ce la première fois que tu t'es retrouvé(e) dans une situation similaire et que tu as ressenti un sentiment similaire ? »

    « Comment te sentais-tu à cette époque ? »

- Sois témoin des croyances qui sont libérées et change sur les quatre niveaux de croyances (base, génétique, historique et âme).

- Télécharge les sentiments qui sont nécessaires pour aider la personne à reconnaître la croyance de fond.
- Demande :
    - « Qu'as-tu appris de cette expérience ? »
    - « Pourquoi devais-tu expérimenter cela ? »
    - « En quoi cela t'a-t-il rendu service et comment est-ce que cela continue à te rendre service ? »

4. Maladie

- Découvre quels sont les problèmes et ensuite approfondis.
- Découvre pourquoi la personne est devenue malade :
    - « Quand la maladie a-t-elle commencé ? »
    - « Que se passait-il dans ta vie à ce moment-là ? »
- Découvre pourquoi la personne reste malade :
    - « Quelle est la meilleure chose qui te soit arrivée depuis que tu es malade ? »
    - « Qu'as-tu appris de ta maladie ? »
- Découvre pourquoi la personne ne guérit pas :
    - « Que se passerait-il si tu étais complètement guéri ? »

5. Manifestation

- Demande au client de visualiser ce qu'il ferait s'il avait tout l'argent qu'il a toujours souhaité.
- Demande au client où il serait s'il avait tout l'argent qu'il a toujours souhaité.
- Comment se sent-il avec tout l'argent qu'il a toujours souhaité ?

- Y a-t-il quelqu'un d'important dans la vie de la personne, et, si c'est le cas, comment réagit-elle à tout cet argent ? Comment réagissent la famille et les amis de la personne ?

- Découvre les problèmes qui rendent le client mal à l'aise dans sa visualisation et commence à approfondir pour résoudre ces soucis. Demande :

    « Que ferais-tu si tu avais tout l'argent que tu as toujours voulu ? »

    « Que pourrait-il mal se passer dans cette situation ? »

6. Travail sur les gènes

Si tu trouves, en testant musculairement, que la personne a des croyances auxquelles elle ne s'identifie pas consciemment, elle risque d'être perdue et cela pourrait rendre la suite de l'approfondissement difficile. Ces croyances peuvent venir et leur être transmises de leurs ancêtres.

- Continue à approfondir en demandant :

    « Est-ce la croyance de ta mère ? »

    « Est-ce la croyance de ton père ? »

    « Est-ce la croyance d'un de tes ancêtres ? »

7. Croyance collective

Lorsque plusieurs personnes ont la même croyance,
elles l'acceptent en tant que fait et elle devient une croyance
de conscience collective.

- Retire ces croyances et élimine-les complètement afin que le client puisse continuer. Si, par exemple, il pense :

    « Le diabète est incurable. »

« J'ai peur d'utiliser mon pouvoir. »

« J'ai fait vœu de pauvreté. »

- Tu peux télécharger :

    « Je peux guérir du diabète. »

    « Je peux utiliser mon pouvoir en toute sécurité et en paix. »

    « Le vœu de pauvreté est complètement achevé. »

8. L'impossible

Ce travail est effectué non pas pour trouver des blocages, mais pour reprogrammer le cerveau afin qu'il accepte ce qui est perçu comme impossible.

- Demande :

    « Que se passerait-il si...? »

Étape 4 : Change la croyance

- Effectue la guérison sur les émotions qui font surface pendant la séance.

- Remplace la croyance inconsciente avec une croyance positive.

- Effectue des téléchargements pour aider à soutenir la nouvelle croyance.

Étape 5 : Confirmation que la croyance a été changée

- Confirme que la croyance a été changée en effectuant le test musculaire.

Demande au Créateur

Le Créateur est avec toi pendant le travail sur les croyances. Tu n'es jamais seul(e). Demande toujours l'aide du Créateur lorsque tu es perdu(e) et que tu as besoin d'un guide.

Exemples de choses que tu peux demander au Créateur :

- sur quels problèmes te concentrer
- si une croyance spécifique est une croyance sous-jacente
- quelle est la croyance sous-jacente dans une situation donnée
- quelle nouvelle croyance va remplacer l'ancienne croyance
- quelles questions tu devrais poser lorsque tu es perdu(e) dans une séance de travail sur les croyances
- quels sentiments télécharger pour aider la personne dans une situation particulière, avec la formule qui suit :

    « *Créateur de Tout ce qui est, dis-moi les sentiments à télécharger pour cette personne. Merci ! C'est accompli, c'est accompli, c'est accompli.* »

Maintenant, tu as les outils ThetaHealing pour t'aider à trouver l'amour. Nous allons revenir au chapitre 4 sur le travail de croyance et la manière dont cela peut t'aider. Mais d'abord, regardons ce qu'est vraiment l'amour.

Chapitre 2

LES NIVEAUX D'AMOUR

Dans une large mesure, nos vies sont remplies par la recherche de l'amour sous toutes ses formes, en particulier l'amour inconditionnel. Il suffit d'observer en nous-mêmes et dans les autres le besoin d'avoir des animaux de compagnie, d'avoir des amis, de trouver une âme sœur et d'avoir des enfants. Ce besoin commence pendant l'enfance et se poursuit tout au long de notre vie. Les enfants veulent un « meilleur ami ». Les femmes créent des groupes sociaux étroits avec d'autres femmes. Les hommes ont des séances de « rapprochement de groupe » et pratiquent ou regardent des sports de compétition. Hommes et femmes sont à la recherche de cet amour spécial.

Les relations humaines les plus positives sont le résultat de cette recherche. Même la colère et la haine en résultent. Pourquoi ? Parce qu'un grand nombre de personnes ont du mal à trouver l'amour. C'est peut-être parce qu'ils ne s'aiment pas ou parce qu'ils n'ont jamais connu l'amour, alors ils ne comprennent pas ce que c'est, même s'ils savent instinctivement qu'il y a un sentiment qui est absent de leur vie.

Quand j'étais enfant, les gens me décevaient toujours quand il s'agissait d'amour. Je sentais qu'ils ne pouvaient pas m'aimer, car ils ne savaient pas ce que c'était que d'aimer. J'ai d'abord essayé de *les* aimer, en pensant que cela pourrait peut-être devenir réciproque et qu'ils apprendraient à m'aimer. Puis j'ai compris que la raison pour laquelle la plupart des gens ne pouvaient pas être bons avec ou sympas avec les autres était qu'ils ne savaient pas *comment* aimer ou ne connaissaient pas le *sentiment* d'amour.

Quand j'étais enfant, les gens me décevaient toujours quand il s'agissait d'amour. Je sentais qu'ils ne pouvaient pas m'aimer, car ils ne savaient pas ce que c'était que d'aimer. J'ai d'abord essayé de les aimer, en pensant que cela pourrait peut-être devenir réciproque et qu'ils apprendraient à m'aimer. Puis j'ai compris que la raison pour laquelle la plupart des gens ne pouvaient pas être bons avec ou sympas avec les autres était qu'ils ne savaient pas comment aimer ou ne connaissaient pas le sentiment d'amour.

En tant qu'enfant, je pensais aussi qu'aimer les autres signifiait ne voir que le bien en eux, et pas le mal. Ce concept m'est revenu plus tard dans ma vie lorsque la Loi de la Vérité m'a montré la vérité à propos des gens dans les enregistrements akashiques. Cette nuit-là, j'ai vu les secrets les plus profonds et les plus sombres de toutes les personnes de ma vie, ce qui m'a tellement inquiété que j'ai décidé de disparaître dans les collines du Montana (ce que j'ai fait d'une certaine manière). Comme je n'avais pas l'argent pour déménager au Montana, je me suis forcée à faire face aux gens avec leurs secrets. J'ai donc commencé à apprendre ce que signifiait vraiment l'amour inconditionnel. J'ai appris que, pour aimer quelqu'un inconditionnellement, il fallait les aimer dans la conscience du « Christ » ou de « Buddha », ce qui signifie voir leur vérité à travers le Créateur (ou avec la lumière) et les aimer quand même, malgré tout.

Un tel amour est une merveilleuse chose, mais aimer les autres inconditionnellement ne signifie pas que nous devions laisser les autres profiter de nous ou laisser des personnes difficiles entrer dans nos vies. La recherche de l'illumination ne doit pas être confondue avec la mise en place d'abus, simplement pour que nous puissions dire que nous avons un amour inconditionnel pour les gens. Il est important que cet amour soit tempéré par la connaissance supplémentaire du fait que nous sommes capables d'être forts, mais aimés. Tout le monde ne correspond pas à la vibration de l'amour inconditionnel et les personnes dans nos vies vont toujours essayer de nous emmener vers leur niveau de vibration pour qu'elles puissent se sentir à l'aise. Certaines personnes ont des vibrations plus faibles et nagent dans la haine, la colère, la peur et le ressentiment. Elles habitent dans l'obscurité. Ce genre de personnes tentera toujours d'amener les autres à leur niveau de réalité. Mais ceux qui sont dans la lumière n'ont qu'à se laisser briller et les autres arriveront dans la lumière de leur propre gré.

Selon mon expérience, c'est dans l'enfance que sont créés les programmes négatifs associés à l'amour inconditionnel. Par exemple, une mère peut montrer un véritable amour à son enfant à un certain moment, puis le battre immédiatement après. Ou un père peut exprimer un véritable amour pour un enfant, puis le molester. C'est à cause de situations d'enfance comme celle-ci que les gens ne savent pas comment recevoir l'amour inconditionnel.

Le véritable amour inconditionnel est mieux partagé avec quelqu'un qui sait ce que c'est. Une âme sœur compatible aura appris comment recevoir l'amour inconditionnel dans une relation.

L'amour entre deux personnes nécessite, cependant, d'autres conditions, peu importe le niveau d'évolution spirituel de la relation. Si quelqu'un te dit qu'il veut être aimé inconditionnellement, cela signifie généralement qu'il veut avoir une relation sans règles. Cependant, pour que deux personnes aient une relation, il doit y avoir des règles de base suivies par les deux intéressés, sinon il est inutile d'être ensemble.

Beaucoup de gens sont généreux par nature et ont tendance à donner tout leur temps aux autres. Pour cette raison, ils vont attirer des âmes sœurs qui ne sont pas généreuses et qui prennent plus d'énergie de la relation qu'elles n'en apportent. Assure-toi que tu es prêt(e) à recevoir autant d'amour d'une âme sœur que tu en donnes. Assure-toi toujours de pouvoir accepter et recevoir de la joie et que tu puisses accepter et recevoir de l'amour.

Pour trouver l'amour dont tu as besoin, il est important de définir ce que l'amour signifie pour toi. Comme pour beaucoup d'autres sujets, il se peut que la façon dont tu perçois l'amour ne soit pas pour le mieux et le plus haut, pour toi. Sois ouvert(e) à explorer les multiples facettes de l'amour et ce que cela signifie pour toi. L'amour a plusieurs niveaux.

LES NIVEAUX DE L'AMOUR

Voici les niveaux d'amour, liés à la manifestation des âmes sœurs :

1. Amour de Dieu

2. Amour de soi

3. Amour entre deux personnes : le véritable amour

4. Amour de la famille

5. Amour des amis

6. Amour de la communauté, de toutes les créatures de Dieu, et de l'univers

7. Amour inconditionnel

1. Amour de Dieu

Il est important d'avoir un amour sain pour le Créateur. Cela ouvre de vastes possibilités. Tout au long de l'histoire, l'humanité a cherché à percevoir Dieu, qui a pris de nombreuses formes et divers styles, selon les conceptions individuelles et culturelles. Rien qu'en une seule vie, notre perception du Créateur change constamment et évolue en fonction des nombreuses influences du foyer, de la société, de la religion et, plus récemment, de la science moderne.

Dans ce livre, Dieu est l'aspiration la plus élevée de toutes, la lumière de la vérité que chacun de nous s'efforce de produire en nous-mêmes. Et la lumière de Dieu transcende nos immoralités et nos incohérences humaines avec le pardon aimant de l'acceptation.

Bien sûr, il y a ceux qui choisissent de ne pas croire en Dieu. Notre compréhension limitée de l'essence aimante du Créateur peut causer ce malentendu. Beaucoup de gens se voient également dans une relation « enfant en colère – oppression parentale » avec Dieu. Certains blâment Dieu pour toutes les choses difficiles qui se passent dans leur vie, tout comme certains enfants le font avec leurs parents. Ce n'est qu'un des nombreux scénarios relatifs à Dieu autour desquels les gens gaspillent leur précieuse énergie.

Il est important d'explorer ce que tu ressens à propos de Dieu, puisque c'est aussi ce que tu ressens par rapport à toi. J'écris cela parce que je pense que nous sommes des étincelles divines, et cela fait de nous une partie de l'essence divine du Créateur. Accepter ce concept nous fera agir avec plus de considération envers nous-mêmes et les autres.

C'est pourquoi il est important d'explorer ce que tu ressens au sujet de Dieu, et quelles sont tes croyances concernant Dieu. Une fois que tu auras libéré et remplacé les croyances négatives à propos de Dieu, tu pourras avancer pour apprendre comment « t'aimer ».

2. Amour de soi

L'amour de soi vient lorsque tu apprends à te connecter au Créateur. Et lorsque tu t'aimes, tu te pardonnes ce que tu perçois comme tes défauts. Le pardon envers soi-même est très important, c'est en lien avec notre croissance. Devenir droit et équilibré avec son monde intérieur est une étape essentielle sur le chemin de la découverte de soi.

T'aimer signifie aussi que tu ne permets pas aux autres de profiter de toi. Tu apprends à dire « non » aux gens dans ta vie qui ne sont pas pour ton meilleur et ton plus élevé.

Ici encore, il est important d'explorer comment tu te sens à propos de toi, et quelles sont tes croyances les plus profondes. Ce sont les deux premières étapes pour manifester ton âme sœur compatible.

3. Amour entre deux personnes : le véritable amour

Le véritable amour n'arrive pas tous les jours. C'est un trésor incroyable lorsque deux personnes s'aiment de la même manière. Le véritable amour est précieux et il est difficile à remplacer. Tu ne pourras jamais trouver le même véritable amour avec une autre personne, alors ne pense pas pouvoir le faire. C'est précieux, alors traite-le ainsi.

L'amour véritable est ce à quoi ce livre est dédié. Nous allons beaucoup en parler au fil des pages.

4. Amour de la famille

L'amour de la famille est établi lorsque nous aimons nos parents, nos frères et sœurs, et nos enfants. Pour certains guérisseurs, l'amour de la famille est difficile, car, alors qu'on aime facilement son enfant, un frère et une sœur peuvent être si différents de soi qu'on peut avoir des difficultés à l'apprécier ou à l'aimer. Par exemple, tu peux ne pas *apprécier* ta sœur, mais il est important de te rappeler que tu l'aimes, ou tu peux apprécier ta sœur, mais il est peut-être difficile de *l'aimer*.

Pour certains guérisseurs, l'amour inconditionnel pour un étranger peut être plus facile que l'amour pour sa propre famille à cause de la compétition fraternelle de l'enfance.

Apprendre à apprécier et à aimer ses frères et sœurs, et œuvrer à travers les différences de toute une vie est important afin d'être capable d'aimer ceux qui ne sont pas tes semblables. Beaucoup de personnes ont besoin de toute leur vie pour équilibrer leurs problèmes avec leur famille et la plupart ne résolvent cela que tard dans la vie.

5. Amour des amis

L'amour des amis survient lorsque tu crées des relations avec des amis dévoués. Ce sont des personnes que tu peux aimer, pour qui tu es disponible, et avec qui tu peux communiquer. Aimer des amis est aussi une façon de progresser émotionnellement vers des objectifs spirituels.

6. Amour de la communauté, de toutes les créatures de Dieu, et de l'univers

L'amour de la communauté apparaît lorsque tu aimes les gens qui sont dans ta région et qui font partie de ta culture. Cela peut inclure ceux qui ont la même religion et origine ethnique. Afin de pouvoir progresser spirituellement, cependant, nous devons avoir la capacité d'aimer les gens du monde entier en tant que tels. Ensuite, cet amour se développera pour inclure les créatures du monde, les gens et les créatures d'autres planètes, et enfin l'univers entier.

7. Amour inconditionnel

L'amour inconditionnel consiste à voir la vérité sur tout et tout le monde, et à aimer en permanence.

Afin de progresser spirituellement, il est important d'équilibrer toutes les sortes d'amour et d'atteindre la paix avant de quitter ce plan.

Pour découvrir tes propres croyances au sujet de l'amour, effectue les exercices suivants :

Croyances sur l'amour

Tu souhaites peut-être une relation où l'autre personne t'aimera et te chérira, mais rappelle-toi que tu dois savoir comment rendre cet amour. Donc, vérifie que tu peux aimer et être aimé :

- Teste-toi musculairement pour le programme :

    « Pour être aimé, il faut que les autres aient besoin de moi. »

- Si tu te testes positivement pour ce programme, réaffirme :

    « Je sais comment être en équilibre avec l'amour. »

    « Je m'aime. »

    « Il est sûr d'être aimé. »

    « J'aime Dieu et Dieu m'aime. »

- Teste musculairement les croyances suivantes :

    « Je crois que je peux être aimé par une autre personne. »

« Je peux recevoir l'amour d'une autre personne. »

« Il n'y a personne qui soit fait pour moi. »

« Je sais comment rendre l'amour qui m'est donné. »

- Regarde si tu comprends ce que c'est que d'être entouré par des gens que tu peux aimer et à qui tu peux rendre de l'amour – des individus intelligents et épanouis qui construisent ton esprit et t'aident à évoluer et pour qui tu fais la même chose.

- Instille (ou télécharge) ce que l'on ressent avec la commande suivante :

  « Créateur de Tout ce qui est, il est commandé que je comprenne ce que c'est que d'être entouré par des personnes qui m'aiment. »

- Regarde si tu comprends la définition du Créateur de ce que c'est que d'être entouré par des gens que tu peux aimer et à qui tu peux rendre de l'amour – des individus intelligents et épanouis qui construisent ton esprit et t'aident à évoluer et pour qui tu fais la même chose.

- Apporte le sentiment et la connaissance de l'amour du Créateur sur tous les niveaux – physiquement, mentalement, émotionnellement, et spirituellement – en téléchargeant ces sentiments d'amour du Créateur :

  « Je comprends la définition du Créateur de l'amour. »

  « Je comprends la définition du Créateur de l'amour pour mon corps humain. »

  « Je comprends ce que c'est que de permettre à quelqu'un de m'aimer. »

« Je comprends ce que c'est que d'avoir du discernement et de l'amour. » « Je connais la définition du Créateur du mariage. »

« Je connais la définition du Créateur de l'intimité. »

« Je connais la définition du Créateur de faire confiance à une âme sœur. »

« Je connais la définition du Créateur d'aimer une âme sœur. »

« Je sais qu'il est possible de mériter l'amour d'une âme sœur compatible. »

« Je sais que je mérite d'avoir une âme sœur compatible. »

« Je sais comment vivre sans être inutilement jaloux. »

Ces téléchargements devraient être offerts à ton partenaire pour l'aider à être plus compatible avec toi.

Chapitre 3

UN GUIDE VERS LES ÂMES SŒURS

Une des raisons pour lesquelles nous nous sommes incarnés est de comprendre toutes sortes d'amours – pour maîtriser les vertus de l'amour. L'une d'entre elles est l'amour pour un partenaire. C'est une relation dans laquelle nous apprenons comment aimer une autre personne intimement, totalement, complètement. Afin de pouvoir faire cela, nous avons besoin de la bonne âme sœur.

Qu'est-ce qu'une âme sœur exactement ? Il y a plusieurs idées relatives à ce sujet.

Pour la plupart des gens, une âme sœur est quelqu'un qu'ils connaissent d'un autre lieu et d'un autre temps, probablement d'une ancienne vie. Dans cette vie passée, un attachement émotionnel profond a été développé et a transcendé le physique. La mémoire de cet attachement a survécu d'une certaine façon au processus de la mort et renaît dans cette vie. Certaines personnes croient qu'une âme sœur correspond à toute personne qu'elles ont déjà aimée dans un autre lieu et un autre temps.

Il existe des relations d'âmes sœurs de ce type. Nous avons tous été réincarnés de vies passées – ou, pour utiliser un meilleur terme, pré-existantes. Certains d'entre nous ont des souvenirs obscurs de leur passé avant la vie. Nous pouvons rencontrer notre âme sœur et reconnaître que nous sommes toujours amoureux d'elle. Nous ne nous souvenons peut-être pas de tout ce qui s'est passé dans le passé, mais les sentiments d'amour sont immédiats et profonds.

Il existe différents systèmes de croyances avec des thèmes partagés sur les amoureux réincarnés. La religion hindoue en est une, mais il y en a d'autres qui sont plus subtils, cachés à la vue de la culture occidentale.

Si nous reconnaissons immédiatement quelqu'un, nous avons aussi pu le connaître dans le monde spirituel, ou il peut être ce que les gens appellent « le ciel envoyé avec un but ».

Aussi, une union d'âmes n'est pas nécessairement une réunion d'esprits de vies passées. De toutes nouvelles unions spirituelles d'âmes sœurs se sont faites dans le « ici et maintenant », et l'énergie de ces unions brille, donnant de l'espoir aux autres, tout comme une réunion d'esprits le ferait. Pour les gens impliqués dans ce genre d'union, une âme sœur est quelqu'un dont ils ont rêvé dans cette vie, et les vies passées ne les intéressent pas.

Je pense qu'une âme sœur peut être quelqu'un qui, par sa disposition, sa personnalité, sa spiritualité et son état physique, est en accord avec nous pour une raison quelconque. Cette harmonie peut ne pas être liée avec les vies passées et tout ce qui a trait à l'attraction physique, mentale, émotionnelle et spirituelle qui a été déclenchée pour la première fois.

Ce concept supprime des aspects beaucoup plus spirituels de la réincarnation, que certaines personnes estiment impossibles. Beaucoup de gens, par leur nature, veulent simplement être avec quelqu'un dans une relation significative, un lien qui dure pour la vie. Ce pourquoi ils ressentent le besoin d'avoir ce type de relation n'est pas important pour eux ; ils n'essaient pas non plus de l'expliquer en utilisant des termes spirituels. Ce qui est important pour eux est de trouver cette personne spéciale avec qui ils se sentent en sécurité et à l'aise. Si tu es ce genre de personne, ce livre te sera toujours bénéfique, puisqu'il se peut que tu te mettes des barrières que tu ne réalises même pas.

Pour de nombreuses personnes, un(e) partenaire divin(e) semble être « trop » à demander à l'univers. Elles pensent qu'elles ne peuvent pas l'obtenir – et donc c'est ainsi. D'autres, plus analytiques, sont dans la confusion avec le terme « âme sœur ». Elles n'ont aucune idée de la signification de ce terme inexplicable, car c'est au-delà de leur expérience.

Mais que se passerait-il si tu avais différentes âmes sœurs, là dehors, dans le monde ? Que se passerait-il si chacune de ses âmes sœurs était par nature quelqu'un dont tu pourrais tomber amoureux ? Tu pourrais dire que beaucoup d'entre nous tombent amoureux plus d'une fois, et c'est le cas. Beaucoup d'entre nous veulent être avec une personne spéciale, mais constatent que nous tombons amoureux profondément plus d'une fois durant notre vie.

Je crois que ce sentiment à propos de cette « personne spéciale » est le bon, mais je pense aussi que nous tombons amoureux plus d'une fois parce que nous avons plus d'une âme sœur. Ces âmes sœurs «

transitionnelles » ne doivent pas toujours être des gens que nous avons connus dans une vie passée. Une telle âme sœur peut être quelqu'un, qui, par sa nature, a quelque chose à nous apprendre, probablement quelqu'un vers qui nous sommes attirés parce que nous partageons plus de ses croyances négatives que positives. J'appelle ce genre d'âmes sœurs des « carottes spirituelles », qui nous guident vers la bonne âme sœur ! C'est une référence à l'histoire du garçon assis sur un chariot tiré par un âne. Il tient un long bâton sur lequel pend une carotte et l'âne tire le chariot, tout comme une âme sœur de transition nous entraîne vers une personne compatible.

C'est peut-être pour cela que d'autres personnes sont également attirées par nous. C'est aussi pourquoi il est si important que nous effectuions le travail lié aux croyances sur nous-mêmes, afin que nous puissions être prêts pour notre âme sœur, en lien avec le timing divin.

Comment distinguer toutes ces âmes sœurs ? J'ai découvert qu'il y a 7 principaux types d'âmes sœurs et 1 groupe que l'on appelle « âmes de famille ».

MEMBRES DE LA FAMILLE DES ÂMES

Les « âmes de famille » et les âmes sœurs sont des personnes dont les esprits nous reconnaissent depuis d'autres lieux et temps. Nous semblons les connaître et pouvons lire facilement dans leur esprit. La différence entre une âme de famille et une âme sœur est que tu es lié(e) sur un niveau spirituel à un membre de l'âme de famille, mais pas avec une âme sœur.

Une âme de famille est exactement ce que son nom indique : la famille spirituelle à laquelle nous appartenions avant de nous incarner. Je pense que nous avons fait l'expérience de beaucoup de plans d'existence avant cette vie et que l'une de ces existences correspond au temps où nous faisions partie de la famille d'âme sur le cinquième plan d'existence.

Les membres de la famille d'âme descendent en tant qu'individus pour habiter des familles physiques sur ce plan avec pour mission de guérir la planète ou d'accumuler des vertus, mais d'une certaine façon ils n'oublient jamais la famille spirituelle qu'ils ont quittée. As-tu déjà eu le sentiment d'être dans la mauvaise famille et qu'il y en a une autre à laquelle tu appartiens vraiment ? Cela explique pourquoi tu as ces sentiments.

Les familles d'âmes ont tendance à voyager ensemble à travers le temps dans différentes incarnations, donc certains membres de la famille s'incarneront en même temps et se rencontreront. Dans certains cas, leurs sentiments et leurs souvenirs les amèneront à se marier. Mais puisqu'ils font partie de la même famille d'âme, il n'y aura pas de passion durable entre eux. C'est comme un frère et une sœur qui se marient sans le savoir.

Le ThetaHealing est créé pour rassembler une nouvelle fois les familles d'âmes. Les familles d'âmes sont notre système de soutien spirituel éternel et sont attirées les unes vers les autres pour faire le travail du Créateur, ici, sur Terre. Chaque famille d'âme s'organise autour d'un conseil de douze qui la préside, guidant et aidant ses membres. Ces conseils sont tenus sur des degrés élevés du 5e plan et beaucoup de maîtres du 5e plan qui sont en mission ici s'élèvent au-dessus de leur espace lorsqu'ils sont endormis, pour y prendre part. (Pour plus de détails, voir *les 7 plans de l'existence*.)

En matière de relations, la différence entre une âme sœur et un membre d'une famille d'âme est qu'un membre d'une famille d'âme a une énergie spirituelle particulière dont nous avons fait l'expérience auparavant, d'une façon non sensuelle et non sexuelle, avec un amour fraternel. Donc, si tu es attiré par quelqu'un et que tu as un sentiment très familier, mais que tu réalises ne pas être compatible avec lui, il se pourrait que ce soit une âme sœur, frère ou ami.

Une âme sœur est différente dans le sens où il y a une attraction sensuelle et sexuelle entre les deux, tout comme un magnétisme mental et spirituel. Certaines âmes sœurs ont vécu une histoire d'amour passionnée à travers plusieurs plans d'existence. Avec le temps, il y a eu une passion durable entre eux.

ÂMES SŒURS

Les 7 types d'âmes sœurs sont :

1. Les flammes jumelles
   Une flamme jumelle est quelqu'un qui est exactement comme toi.

2. Une âme sœur incompatible
   Une âme sœur incompatible est une âme que tu as connue auparavant. À cause de cela, tu ressens une attraction émotionnelle et physique envers elle, mais elle est néanmoins incompatible avec toi.

3. L'âme sœur « diamant brut »

    C'est une âme sœur qui peut être compatible avec toi, mais tu as pu l'avoir rencontrée avant qu'elle ne soit suffisamment développée pour une relation.

4. L'âme sœur – histoire inachevée

    Ce sont des âmes sœurs dont l'histoire est inachevée dans une vie passée. Elles ont l'opportunité de se rencontrer à nouveau et de réparer leur karma.

5. L'âme sœur compatible

    Ce sont des âmes sœurs qui sont parfaites pour le moment, mais qui pourraient évoluer séparément.

6. L'âme sœur de vie compatible

    Ce sont des âmes sœurs compatibles avec une connexion spirituelle..

7. L'âme sœur partenaire de vie divine

    Une âme sœur partenaire de vie divine est quelqu'un qui partage ton timing divin – ta mission pour cette vie sur Terre.

Voyons ces âmes sœurs d'un peu plus près.

1. Les flammes jumelles

Certaines personnes sont dans la confusion en cherchant une âme sœur et demandent plutôt au Créateur une flamme jumelle.

Une flamme jumelle est quelqu'un qui est exactement comme toi, et cela peut causer beaucoup de friction entre vous. Elle peut aussi être un miroir de ce que tu étais il y a 20 ans, avec la maturité de quelqu'un de 18 ans. Cette situation n'est pas susceptible de permettre une relation durable. La plupart du temps, quand tu rencontres une flamme jumelle, elle ne reste que peu de temps dans ta vie.

2. L'âme sœur incompatible

Une âme sœur incompatible est quelqu'un que tu as connu à une autre époque et dans un autre lieu. Il est facile de tomber amoureux avec ce genre d'âme sœur, puisque tu te rappelles combien vous vous êtes aimés. Néanmoins, vous avez désormais une vibration complètement différente. Vous êtes devenus incompatibles.

Une âme sœur incompatible peut, cependant, être une « carotte » pour te guider vers ton âme sœur compatible, car elle t'enseignera les qualités que tu recherches chez une âme sœur. L'univers utilise quelqu'un pour t'amener d'une situation difficile à une situation meilleure.

3. L'âme sœur « diamant brut »

Une âme sœur « diamant brut » est quelqu'un qui a toutes les qualités pour être une véritable âme sœur compatible, mais elle n'est pas encore assez développée.

Si tu rencontres ton âme sœur avant qu'elle ne soit complètement développée, cela signifie que, tout comme un diamant non taillé, il faudra du travail pour faire ressortir sa clarté, sa qualité et son éclat. Il faudra du temps et de la patience pour que vous soyez compatibles. Donc il est important de demander à l'univers : « Quand est-ce que mon âme sœur sera prête pour moi ? » Cette question est particulièrement importante si tu cherches ton âme sœur divine.

Si j'avais rencontré Guy dix ans plus tôt, aucun de nous deux n'aurait été prêt pour cette relation. Guy n'était pas prêt pour moi cinq ans avant que nous nous rencontrions. Je ne suis même pas sûre qu'il fût complètement prêt pour moi lorsque nous nous sommes rencontrés. Il était mon diamant brut, et, mon dieu, il était très brut ! Il était dans son ranch depuis des années et ne se rendait en ville que si c'était impératif. Et il ne savait pas comment parler calmement. C'était parce que son père était partiellement sourd et qu'il fallait lui parler fort pour être entendu. L'homme qui parle de nos jours lors de nos séminaires a dû s'entraîner pour moduler sa voix, et il lui a fallu des années pour faire cela. Je lui disais : « Guy, tu effraies les dames du groupe. » Il n'arrivait pas non plus à rester assis, parce qu'il avait l'habitude de faire des travaux manuels. Émotionnellement, nous étions prêts l'un pour l'autre, mais tout juste.

Donc, patience ! Et si l'univers contribuait au développement de ton âme sœur afin qu'elle soit prête pour toi lorsque vous vous rencontrerez ? Tu voudrais peut-être la rencontrer maintenant, mais la rencontrer avant qu'elle ne soit prête signifierait seulement que vous êtes incompatibles. Ton âme sœur est comme un gâteau qui cuit au four. Si tu le sors trop tôt, il retombera.

Beaucoup d'entre nous sommes si puissants dans nos manifestations que, dans notre arrogance et impatience, nous attirons notre âme sœur à nous avant qu'elle ne soit prête. Un de mes amis a manifesté son âme sœur, mais il y avait un petit problème – il était en plein divorce. Donc elle a dû subir le drame émotionnel d'un homme traversant un divorce. Ce genre de situation n'est pas propice à une relation harmonieuse.

4. L'âme sœur – histoire inachevée

Un *maître* est un esprit spirituel qui, à plusieurs reprises, a accumulé assez de vertus pour aller au-delà de la réalité à trois dimensions vers ce que j'appelle le cinquième plan d'existence. Si, à un moment, il revient dans cette réalité à trois dimensions, ils seront connus comme des *maîtres ascensionnels*. Beaucoup de maîtres ascensionnels sont récemment revenus sur cette Terre pour habiter des corps humains et pour enseigner aux *enfants* qui vivent sur cette planète. Généralement, ils reviennent en mission pour aider l'humanité.

Puisque les maîtres ascensionnels ont été ici plusieurs fois dans différentes incarnations, ils ont l'opportunité de rencontrer des âmes qu'ils ont connues dans d'autres temps et lieux. Ce peut être leur famille d'âmes sur le cinquième plan ou des vies passées.

Si les maîtres ont une énergie non résolue avec une de ces âmes, lorsqu'ils se rencontrent à nouveau, ils ont l'opportunité de résoudre ces problèmes entre eux. Cependant, lorsqu'un maître rencontre quelqu'un et a le sentiment que quelque chose devrait être résolu, il n'est pas obligatoire pour eux de résoudre le problème.

C'est une action volontaire et le problème doit être résolu par l'autre personne aussi.

Les enfants des maîtres, qui composent le reste de la population d'âmes sur Terre, ont été envoyés sur ce plan pour apprendre et grandir. Ce sont des êtres tridimensionnels qui vivent plusieurs vies, résolvant leur karma des vies négatives. Ils peuvent aussi avoir des cas non résolus d'une relation d'une vie passée. Ainsi, ils auront l'opportunité de se rencontrer à nouveau dans leur prochaine vie et de réparer le karma entre eux. Dans de nombreux cas, les personnes ont une relation pour corriger leur karma, et, lorsqu'il a été résolu, ils font grandir leur relation et avancent.

Cela explique pourquoi certains d'entre nous ont plus d'une âme sœur dans une vie. Par exemple, j'ai été mariée quatre fois (Oui, j'ai un mari pour chaque direction !). Une partie des raisons pour lesquelles j'ai épousé ces gens était que, à un niveau supérieur, il y avait de l'énergie non résolue avec eux d'un autre temps et d'un autre lieu. Cela ne signifie pas nécessairement qu'il y avait une affaire non résolue de mon côté ; mais peut-être plus du côté de l'autre personne.

Une partie de la raison pour laquelle j'ai divorcé de trois de ces hommes était parce que la question de cette énergie non finie entre nous était alors résolue. L'autre raison pour laquelle ces personnes sont entrées dans ma vie était que chaque expérience dans la vie compte à un niveau que nous ne pouvons, au début, pas comprendre. Chacune d'elles m'a appris des choses sur moi et m'a aidée à atteindre une conscience plus élevée. Aussi difficiles qu'étaient certaines de ces relations, elles m'ont aidé à leur manière à m'éveiller comme être spirituel.

5. L'âme sœur compatible

Une âme sœur compatible est quelqu'un qui t'aime et te comprend. Elle est compatible avec ta personnalité, mais cela ne signifie pas qu'il est facile d'être avec elle. Les guérisseurs, en particulier, semblent ne jamais être compatibles avec quelqu'un qui est trop « facile », parce qu'on dirait qu'ils s'ennuient facilement. Ils ont besoin de quelqu'un qui s'engagera avec eux, qui leur parlera, qui interagira avec eux et qui les stimulera.

Aussi, une âme sœur compatible est quelqu'un qui est compatible avec celui ou celle que tu es au même moment. Elle est compatible avec la vibration que tu as à ce moment particulier de ta vie. C'est bien, mais tu pourrais grandir spirituellement à pas de géant, alors il te faudrait demander quelqu'un qui grandira avec toi – une âme sœur de vie compatible.

6. L'âme sœur de vie compatible

Une âme sœur de vie compatible ou un partenaire de vie compatible est quelqu'un qui passe dans ta vie et grandit spirituellement et mentalement avec toi. Elle partage plus de croyances positives que négatives avec toi et elle est attirée vers toi à cause de cela. Elle encourage ta croissance en tant que personne.

Un des buts que nous avons en tant qu'âme dans cette existence est de trouver un partenaire de vie avec qui l'on veut être ou de trouver le véritable amour avec cette personne spéciale qui nous suit d'existence en existence.

Des âmes sœurs de vie compatibles ont une affinité profonde l'une pour l'autre et sont adaptées l'une à l'autre. Il se peut que certains de leurs intérêts soient différents, mais le lien qu'elles ont est de nature divine.

Une union de deux personnes qui sont harmonieuses dans leurs dispositions, points de vue, sensibilités l'une envers l'autre et envers le monde autour d'elles crée une énergie qui est acceptée, poignante et durable au-delà de cette vie.

Je suis convaincue qu'une âme sœur de vie compatible est quelqu'un qui, pour une raison inexplicable, te connaît totalement et complètement, d'une manière que les mots ne peuvent expliquer. Pour moi, c'est ce qu'une âme sœur devrait être. Lorsque tu en rencontres une, tu la reconnais immédiatement comme quelqu'un que tu as connu auparavant, mais tu ne sais pas pourquoi. Il y aura peut-être un sentiment de déjà-vu, comme si tu avais fait l'expérience de ces circonstances auparavant. Tu aimes la façon dont elle bouge, tu reconnais l'énergie qui brille dans ses yeux. Cela semble venir d'un autre temps et d'un autre lieu. Et en reconnaissant cette âme, tu ressens une attraction forte et intense envers elle. Ces sentiments spirituels ne sont pas facilement explicables avec des mots.

Une relation d'âme sœur est liée à l'énergie d'une personne. Nous sommes attirés par son énergie tout autant que par son apparence. Nous sommes attirés par elle comme un aimant. L'âme est magnétique par nature, un peu comme le champ magnétique de la Terre. Nous sommes un petit monde pour nous-mêmes et nous sommes attirés magnétiquement avec ceux qui sont le contraire en polarité, pas seulement (généralement) au niveau du genre, mais aussi grâce à leur vibration. Lorsque tu manifestes une âme sœur, tu exprimes le fiat d'être attiré par une énergie qui soit ton égale, ou un peu plus élevée que la tienne.

Fais extrêmement attention lorsque tu demandes une âme sœur. Sache exactement ce que tu demandes afin que tu reconnaisses la personne lorsque tu la trouveras (voir plus loin), et demande toujours une âme sœur qui soit compatible avec toi.

Ce ne sera pas quelqu'un qui sera parfait pour toi en tout point. Chaque relation est une énergie qui requiert de la stimulation et beaucoup de concessions mutuelles pour la maintenir en vie. C'est une autre raison pour laquelle tu dois être prêt pour l'âme sœur qui entrera dans ta vie.

Il existe un bon moyen de trouver ton âme sœur de vie la plus compatible : en lui permettant de te trouver et en permettant à l'univers de te servir. Je sais que beaucoup de gens ne trouvent pas leur âme sœur simplement parce qu'ils la cherchent trop.

Lorsque tu te connais et que tu t'aimes sincèrement, tu es prêt(e) pour une âme sœur de vie compatible, mais cela ne signifie pas qu'elle soit prête pour toi. Nous évoluons tous à différentes vitesses. Cependant, je pense qu'il y a quelqu'un là dehors pour tout le monde.

Juste avant de trouver ton âme sœur de vie la plus compatible, tu auras un sentiment de solitude écrasant et prémonitoire. C'est un bon indicateur qu'une personne spéciale est au coin de la rue.

Mais rappelle-toi que chaque âme sœur, même compatible, ne fait que te compléter. Personne ne peut te rendre complet ; tu dois être complet par toi-même. Si tu n'es pas une personne entière par toi-même, tu n'auras rien à apporter à une relation.

7. Âme sœur partenaire de vie divine

L'âme sœur partenaire de vie divine, ou âme sœur divine, est plus qu'une âme sœur compatible. C'est quelqu'un qui a maîtrisé cette existence auparavant et partage son timing divin, sa mission dans cette incarnation, avec son (sa) partenaire. Ma relation avec mon âme sœur actuelle est avec mon partenaire de vie divin. Je dis cela car il partage ma vision et a le même timing divin que moi. Cela signifie aussi qu'il n'interférera pas avec mon timing divin.

Tout le monde sur le troisième plan a un timing divin, un objectif, pour chaque vie. C'est ce que nous sommes venus accomplir ici. Beaucoup d'entre nous sommes venus pour maîtriser des vertus, et d'autres sont venus pour changer le cours de l'évolution de la planète d'une certaine façon.

Les enfants des maîtres maîtrisent généralement plusieurs vertus dans une vie et les apportent à la prochaine spirale constante d'apprentissage, de vie en vie, jusqu'à ce qu'ils montent au cinquième plan et échappent à cette troisième dimension.

Le timing divin d'un maître est différent, dans le sens où il est ici pour élever la conscience des enfants. Ils sont tous ici pour stimuler la conscience de 10 à 15 enfants qui iront ensuite changer la conscience de millions de personnes.

Certaines personnes peuvent accomplir leur mission de timing divin par eux-mêmes. Mais beaucoup d'entre nous ont le sentiment que nous ne voulons pas être seuls. Sais-tu pourquoi ? Nous ne sommes pas censés accomplir notre mission seuls. Nous sommes censés l'accomplir avec l'aide et le soutien d'une personne spéciale.

Cela signifie qu'une partie de notre mission est d'apprendre à donner complètement notre amour à une personne.

Beaucoup de maîtres ont un partenaire de vie divin qui les aide à atteindre leur objectif de vie. Certains ont passé des accords pour faire quelque chose de spécial dans cette vie. Avec ces personnes, c'est leur raison d'être. Quiconque s'oppose à leur mission sera déplacé hors de la voie, comme des âmes sœurs qui ne partagent pas leur vision.

La plupart des gens de nature spirituelle ne recherchent pas une âme sœur de vie compatible, mais quelqu'un avec qui ils peuvent partager leur timing divin. Évidemment, c'est une personne spéciale. Parfois, la trouver peut être compliqué. Mais lorsque deux âmes ont été ensemble en tant qu'êtres du cinquième plan, elles se chercheront lorsqu'elles seront dans une incarnation humaine. Il y a une signature d'énergie particulière qu'elles recherchent. Il semblerait qu'elles sachent à quoi ressemble cette personne, et si elles partagent le même chemin, c'est presque inévitable qu'elles se rencontrent.

Je sais que Guy et moi avons été désignés pour être ensemble et partager une mission. Je crois que lorsque l'on se rencontre, le paradis s'ouvre, nous nous rappelons les uns les autres et tombons amoureux encore et encore. Je pense aussi que les fées ou les anges au paradis veillent sur nous afin que nous puissions accomplir nos timings divins. Chaque fois que nous sommes en conflit, l'alarme se met en marche, disant aux fées qu'il est temps que les cieux s'ouvrent pour nous saupoudrer de poussière d'amour, et nous oublions ce pourquoi nous nous disputons. Je crois que lorsque nous terminerons cette vie, nous découvrirons combien de fois nous avons été « saupoudrés » – probablement des centaines de fois !

Chapitre 4

ÂMES SŒURS – TRAVAIL SUR LES CROYANCES

Un jour, j'étais en train de faire une lecture avec une belle femme qui se plaignait qu'aucun homme ne voudrait d'elle, car elle avait cinq enfants. Elle disait : « Qui voudrait la responsabilité de cinq enfants ? »

La lecture suivante, le même jour, était avec un bel homme qui se plaignait de sa vie. Voici ce qu'il m'a dit : « J'ai passé toute ma vie à devenir financièrement stable et j'ai raté la joie d'une famille. J'ai besoin d'une femme sympa qui a des enfants et qui serait intéressée par plus. Peux-tu me dire comment la trouver ? »

J'ai pensé : « Elle vient à peine de sortir d'ici ! »

Chacune de ces personnes avait ce que l'autre recherchait, mais elles ne pouvaient pas se rencontrer parce qu'elles ne pensaient pas que ce genre de personnes existait. Si tu penses que trouver une âme sœur est impossible, cette personne-là peut être en face de toi, mais tu ne la rencontreras pas, à cause de tes *croyances*.

Le travail sur les croyances a commencé à se développer lorsque Guy et moi nous sommes mis ensemble. À cause des problèmes qui ont surgi entre nous, il a en partie été créé afin que nous puissions avoir une relation réussie. Il a sauvé mon mariage à de nombreuses reprises, car je ne savais pas comment faire.

Une partie de la raison correspond aux situations plutôt traumatiques dans lesquelles j'avais été dans mes relations passées. J'aimais l'idée du mariage, mais je ne savais pas comment recevoir l'amour. À cause de cela, les personnes avec qui j'avais une relation étaient toujours inférieures à ce que j'attendais. Lorsque je me suis téléchargé ce que c'est que de recevoir de l'amour d'un homme, j'ai réalisé que chaque homme dans ma vie m'avait aimé, mais j'avais été incapable d'accepter son amour.

Je pense que la façon dont ils agissaient envers moi n'était pas ce que j'attendais. Un des plus grands défis dans les relations est que nous ne disons pas à l'autre ce que nous attendons d'elle : nous attendons juste qu'elle le sache et qu'elle y parvienne. Et bien évidemment, elle ne le sait pas !

Beaucoup d'entre nous ont peut-être des programmes et des croyances profondes qui travaillent contre nous lorsque l'on recherche une âme sœur. Cela signifie que nous sommes toujours en train de chercher une âme sœur, mais nous n'en manifestons jamais une car nous nous bloquons inconsciemment la possibilité d'en trouver une.

Un autre scénario est que nous trouvons véritablement une âme sœur, mais que nous ne voulons pas vivre avec elle. Sais-tu à quel point il est difficile de vivre avec une autre personne, notamment si tu as vécu tout seul pendant un certain temps ? Elle va se gratter les fesses et roter en mangeant !

Si tu as des programmes cachés et que tu es dans une relation avec quelqu'un, il peut être difficile de maintenir une relation réussie parce que tu combattras la personne ou que tu créeras un scénario de sabotage afin qu'elle ne se rapproche pas trop. Que se passerait-il si tu baissais ta garde et qu'ensuite elle te quittait ? Que se passerait-il si elle mourait, t'abandonnait ?

Ne te sens pas mal si tu as ces sentiments. La plupart des personnes en ont. Beaucoup de personnes qui recherchent une âme sœur préfèrent en chercher qu'en trouver une. D'autres ont des systèmes de croyances cachés qui les arrêtent avant même de commencer.

CROYANCES LIÉES AUX ÂMES SŒURS

Voici quelques croyances à tester musculairement concernant le sexe, les relations, l'image de soi, et les âmes sœurs. Comprends que ces croyances sont une ligne de base pour les autres que tu as peut-être cachée dans ton esprit inconscient. Il se peut que ces autres croyances les révèlent dans le processus de travail sur les croyances, et elles peuvent être génétiques par nature.

Remplace les croyances qui ne te sont pas utiles par celles qui sont positives par nature. Par exemple, remplace « J'ai besoin que l'on ait besoin de moi pour me sentir protégé(e) » avec « Je suis protégé(e). » Il y a un petit guide pour le travail sur les croyances et les sentiments dans le chapitre 1. Pour un guide plus détaillé, réfère-toi aux livres *ThetaHealing* et *ThetaHealing avancé*.

Dans de nombreux cas, ton esprit inconscient va commencer à remplacer ces vieilles croyances automatiquement, une fois qu'il aura compris qu'elles ne te servent plus.

Sexe

Croyances à tester musculairement :

- « Ma puissance est possédée par les autres. »
- « Je suis possédé(e) par les autres. »
- « Je dois avoir des relations sexuelles afin de me sentir beau/belle. »
- « Je dois m'abstenir d'avoir des relations sexuelles pour me sentir en sécurité. »
- « Il est sûr de montrer mes émotions lorsque j'ai des relations sexuelles. »
- « Le sexe, c'est le diable – c'est sale. »
- « Je suis un sacrifice sexuel. »
- « Je dois abandonner mon corps pour apaiser les autres. »
- « J'utilise mon corps pour me blesser et pour blesser les autres. »
- « Je dois me blesser pour savoir que je peux sentir – que je suis vivant(e). »
- « Je ne peux ressentir de plaisir sexuel que si je suis blessé(e). »
- « Je dois rester froide pour être sexuel(le). »

- « Je dois être soumis(e) lorsque j'ai des relations sexuelles. »
- « Je dois être dominant(e) lorsque j'ai des relations sexuelles. »
- « Je ne suis jamais satisfait(e) sexuellement. »
- « J'utilise mon corps comme un bouclier contre les invasions des autres. »
- « Je dois avoir des relations sexuelles tout le temps. »
- « C'est mon devoir d'avoir des relations sexuelles. »
- « C'est bon de montrer des émotions durant les relations sexuelles. »
- « Les hommes ne me veulent que pour le sexe. »
- « Les femmes ne me veulent que pour le sexe. »
- « Le sexe est mauvais. »
- « Le sexe est le diable. »
- « Le sexe est l'amour. »
- « L'intimité et le sexe sont la même chose. »
- « Je suis une victime. »
- « C'est mal d'avoir des relations sexuelles. »
- « Je peux être avec un partenaire sexuel et être proche de Dieu. »
- « Être aimé(e) provoque une poussée d'hormones dans mon corps. »

- « Il est bon de se sentir sensuel(le) et sexy et de toujours avoir un bon discernement. »

- « Je mérite une âme sœur. »

- « Peu importe ce que je fais, il m'est impossible de trouver mon âme sœur. »

- « Je dois être vierge pour que quelqu'un veuille de moi. »

- « Je suis sale parce que j'ai eu des relations sexuelles. »

Image de soi

- « Je suis moche. »

- « J'ai de vilains cheveux. »

- « J'ai de vilaines dents. »

- « J'ai un vilain corps. »

- « Je suis seul(e) dans le monde. »

- « Je ne suis pas intéressant(e). »

- « Je suis trop émotif(ve) pour que quelqu'un me comprenne. »

- « Je me connais. »

- « Je me plains tout le temps. »

- « Je sais ce que je veux chez mon (ma) partenaire. »

- « Je veux des personnes qui sont hors de ma portée. »

- « Personne que j'apprécie n'est attiré par moi. »
- « Je suis attirée par les hommes difficiles. »
- « Je suis attiré par les femmes difficiles. »
- « Les hommes ne me veulent que pour mon argent. »
- « Les femmes ne me veulent que pour mon argent. »
- « J'attire les hommes abusifs. »
- « J'attire les femmes abusives. »
- « Les femmes sauvages sont les plus intéressantes. »
- « Les hommes sauvages sont les plus intéressants. »
- « Je m'ennuie avec des femmes agréables. »
- « Je m'ennuie avec des hommes agréables. »
- « Je m'ennuie avec une personne. »
- « Les personnes passionnées sont difficiles. »
- « Si je suis heureux(se) dans une relation, je vais mourir. »
- « Je déteste partager de l'argent avec un(e) nouveau(lle) partenaire. »
- « L'argent est toujours un problème. »
- « Je dois être indépendant(e) dans tout ce que je fais. »

- « Il est plus sûr d'être seul(e). »

- « Je suis plus fort(e) seul(e). »

- « Personne ne me remarquera. »

- « Personne ne m'aimera. »

- « Lorsque je suis amoureux(se) de quelqu'un, il me possède. »

- « Je suis esclave dans les relations. »

- « Je suis compulsif(ve) dans les relations. »

- « Personne ne peut m'aimer assez. »

- « J'étouffe mon (ma) partenaire. »

- « Je suis trop jaloux(se) dans les relations. »

- « Si je tombe amoureux(se), je ne m'en remettrai jamais. »

- « Un(e) amoureux(se) est trop exigeant(e). »

- « Je hais l'intimité. »

- « Je blesse tous ceux qui m'aiment. »

- « Pour être proche de Dieu, je dois être seul(e). »

- « Je dois perdre du poids. »

- « Je mérite un (une) partenaire qui soit stable. »

- « Je dois dominer mon (ma) partenaire. »

- « Mon (ma) partenaire romantique va essayer de me contrôler. »

- « Mon (ma) partenaire romantique va essayer de contrôler mes amis. »

- « Mes amis vont essayer de voler mon (ma) partenaire. »

- « Je suis attiré(e) par des personnes malades mentalement. »

- « Les personnes malades mentalement sont attirées par moi. »

- « Les relations romantiques finissent en tragédie. »

- « Mes relations sont comme mes parents. »

- « Mes relations finissent en divorce. »

- « Mon partenaire me trompera. »

- « Je suis attiré(e) par des personnes incompatibles. »

- « Je suis attirée par des personnes comme mon père. »

- « Je suis attiré par des personnes comme ma mère. »

- « Je suis attiré(e) par des personnes comme mon ex-mari/mon ex-femme/mon ex-partenaire. »

- « Je suis attiré(e) par des personnes instables. »

- « Je suis marié(e) à mes parents. »

- « Tous les hommes sont les mêmes. »

- « Toutes les femmes sont infidèles. »

- « Tous les hommes sont infidèles. »
- « Je hais le sexe opposé. »
- « Je hais les hommes. »
- « Je hais les femmes. »
- « Je suis une androphobe [je hais les hommes]. »
- « Je suis un misogyne [je hais les femmes]. »
- « Je hais les relations. »
- « Je veux éviter de partager mes enfants. »
- « Ma famille va détruire ma relation. »
- « Mes enfants vont détruire ma relation. »
- « Les hommes vont accepter mes enfants. » (si tu as des enfants)
- « Les femmes vont accepter mes enfants. » (si tu as des enfants)
- « Mes sentiments à propos de mes relations passées sont stables. »
- « Il n'y a personne là dehors pour moi. »
- « Les hommes bien vont venir à moi. »
- « Les femmes bien vont venir à moi. »
- « Il y a plein de magnifiques personnes là dehors. »
- « Quelqu'un peut m'aimer. »

- « Je peux recevoir de l'amour d'une autre personne. »
- « Les hommes beaux sont superficiels. »
- « Les femmes belles sont superficielles. »
- « Je suis complet(ète) sans mon âme sœur. »

Peur

- « J'ai peur de partager mon être entier avec une autre personne. »
- « J'ai peur de laisser quelqu'un me connaître. »
- « J'ai peur de laisser quelqu'un m'aimer. »
- « J'ai peur de donner trop. »
- « J'ai peur de tout recommencer à zéro. »
- « Je suis trop vieux (vieille) pour trouver l'amour. »
- « J'ai peur de prendre soin d'une autre personne. »
- « Je veux que mon âme sœur m'aime juste pour ce que je suis. »
- « J'ai quelque chose à offrir dans une relation durable. »
- « On peut m'aimer. »
- « Il est impossible pour quelqu'un d'autre de m'aimer. »

- « Dieu me laisse tomber lorsque j'espère. »

- « Je me punis pour mes erreurs. »

- « Je dois abandonner qui je suis afin de pouvoir être dans une relation. »

- « Je dois abandonner mon identité afin de pouvoir être dans une relation. »

Ressentiment

- « J'ai de la rancune de ne pas pouvoir être avec mon âme sœur la plus compatible. »

- « Mon âme sœur arrive trop tard dans ma vie et je suis avec quelqu'un d'autre. »

- « J'ai de la rancune de devoir être avec quelqu'un en dehors de mon âme sœur. »

- « J'ai de la rancune de devoir être seul(e) pour achever ma mission de vie. »

- « J'ai de la rancune de ne pas être avec mon âme sœur, car les âmes sœurs sont un mensonge – il n'y a personne là dehors pour moi. »

Tragédie

- « Les relations finissent en tragédie. »

- « Si j'aime quelqu'un complètement, il y aura une tragédie. »

- « Si je trouve mon âme sœur, il y aura une tragédie. »
- « Le véritable amour finit en tragédie. »

Divorce énergétique des relations passées

Beaucoup de personnes ont la croyance cachée qu'elles sont mariées à une autre personne, même si elles sont séparées ou physiquement divorcées. Cette croyance peut être profondément dans l'esprit inconscient, qui croit toujours que ce programme est une bonne chose !

Tu ne dois pas être marié(e) à une personne pour être profondément attaché(e) à elle. De nombreuses personnes deviennent si attachées à quelqu'un qu'à un niveau inconscient, elles croient qu'elles sont mariées, même s'il n'y a pas eu de contrat contraignant ou de cérémonie entre eux.

Tu serais surpris de voir combien de personnes n'ont pas rompu leurs engagements énergétiques d'un amour passé. Teste musculairement les croyances ci-dessous, qui sont en lien avec le mariage. Surtout si tu es divorcé(e), teste-toi musculairement pour voir si tu te sens libre de tout engagement d'un(e) précédent(e) partenaire. Teste-toi musculairement pour voir si tu es marié(e) à ta famille, ton ex-petit ami (petite amie) ou à un(e) ex-époux(se). Dans ton esprit, fais une liste de tous ceux qui se trouvent dans ton cercle social. Même tes engagements envers tes parents et tes enfants peuvent être perçus par ton esprit inconscient comme un vœu de mariage, et cela doit être libéré afin que tu puisses amener une relation romantique dans ta vie. Regarde tes relations passées et les attachements énergétiques que tu as.

Si tu testes musculairement que tu es marié à Dieu, libère cette énergie et remplace-la par des croyances saines à propos de Dieu et ton Église. Par exemple, tu devrais ressentir un amour pour Dieu et ton Église qui te laisse toujours de la place pour avoir une âme sœur.

Voici quelques suggestions pour remplacer une vieille énergie avec de nouvelles croyances. Bien qu'elles ne te correspondent peut-être pas, elles te donneront une idée pour remplacer les anciennes énergies.

- « Je suis marié(e) à Dieu. »
  Remplace par : « Je suis connecté(e) à Dieu. »

- « Je suis marié(e) à mon Église. »
  Remplace par : « J'apprécie mon Église. »

- « Je suis marié(e) à ma terre [ma propriété, mon bien immobilier, ma maison, ma ferme, etc.]. »
  Remplace par : « Je donne et reçois des guérisons de la Terre. »

- « Je suis marié(e) à ma maison. »
  Remplace par : « Je possède ma maison pour mon meilleur et mon plus élevé. »

- « Je suis marié(e) à mes enfants. »
  Remplace par : « J'aime mes enfants de la meilleure et de la plus élevée des façons. »

- « Je suis marié(e) à mes parents. »
  Remplace par : « J'aime mes parents de la meilleure et de la plus élevée des façons. »

- « Je suis marié(e) à mon ex-mari. »
  Remplace par : « Je suis libre de mon ex-mari. »

- « Je suis marié(e) à mon ex-femme. »
  Remplace par : « Je suis libre de mon ex-femme. »

- « Je suis marié(e) à mon ex-petit ami. »
  Remplace par : « Je suis libre de mon ex-petit ami. »

- « Je suis marié(e) à mon ex-petite amie. »
  Remplace par : « Je suis libre de mon ex-petite amie. »

- « Je suis marié(e) à un souvenir magique de mon premier amour. »
  Remplace par : « Je peux aimer à nouveau. »

- « Je suis marié(e) à ma carrière. »
  Remplace par : « Je comprends comment créer l'équilibre dans ma vie de la meilleure et de la plus élevée des façons. »

SENTIMENTS ET TÉLÉCHARGEMENTS

Voici quelques suggestions de sentiments à te télécharger depuis le Créateur. Ces sentiments peuvent changer la façon dont tu te sens à propos de toi-même, afin que ce soit plus facile de trouver une âme sœur. Effectue la méditation du septième plan *(page 6–7)* et demande tous les téléchargements.

Problèmes d'intimité

- « Je sais comment être intime. »

- « Je sais ce que c'est que d'être intime. »

- « Je connais la définition du Créateur de l'intimité. »

- « Je sais comment être nourri. »

- « Je sais ce que c'est que d'être nourri. »

- « Je sais comment être écouté(e). »

- « Je sais ce que c'est que d'être écouté(e). »

- « Je sais comment écouter mon âme sœur. »

- « Je sais ce que c'est que d'écouter mon âme sœur. »

Relations et âme sœur

- « Je sais ce que c'est que de vivre ma vie quotidienne sans être victimisé(e). »

- « Je connais la définition du Créateur de ce que c'est que de recevoir et accepter l'amour d'une âme sœur. »

- « C'est bon de se sentir sexuel(le), sensuel(le) et sexy, et de toujours avoir un bon discernement. »

- « Je connais la définition du Créateur de ce que c'est que de prendre du plaisir lors de relations sexuelles avec mon âme sœur. »

- « Je sais comment recevoir et accepter l'amour d'une âme sœur. »

- « Je sais comment m'aimer. »
- « Je sais comment communiquer avec celui (celle) dont je suis amoureux(se). »
- « Je comprends la définition du Créateur d'une âme sœur. »
- « Je connais la définition du Créateur du mariage. »
- « Je connais la définition du Créateur de croire en une âme sœur. »
- « Je connais la définition du Créateur d'aimer une âme sœur. »
- « Je sais que je mérite d'avoir une âme sœur compatible. »
- « Je sais qu'il est possible de mériter l'amour d'une âme sœur compatible. »
- « Je sais comment vivre sans être jaloux(se). »
- « Je sais comment valoir le coup. »
- « Je comprends ce que c'est que d'avoir mon âme sœur la plus compatible. »
- « Je comprends qui est la bonne personne pour moi. »
- « Il est possible d'avoir une âme sœur compatible. »
- « Je connais la différence entre le véritable amour et une attraction sexuelle. »
- « Je suis prêt(e) pour mon âme sœur la plus compatible. »

- « Je sais comment me préparer pour mon âme sœur. »

- « Je sais comment vivre ma vie quotidienne avec une autre personne. »

- « Je connais la perspective du Créateur de Tout ce qui est sur une âme sœur. »

- « Je sais qu'il est possible d'avoir une âme sœur. »

- « Je sais comment reconnaître mon âme sœur la plus compatible. »

- « Je vais devenir une âme sœur affectueuse. »

- « Je comprends comment laisser les énergies des relations passées derrière moi. »

- « Je sais comment traiter une autre personne avec respect. »

- « Je sais comment communiquer avec mon partenaire. »

- « Je sais comment avoir de l'amour pour un partenaire qui est inspiré par le divin. »

- « Je sais comment faire ressortir le meilleur d'une personne. »

- « Je sais comment ouvrir mon cœur à la bonne personne. »

- « Je sais comment être dévoué dans une relation. »

- « Je sais comment recevoir du dévouement de mon âme sœur. »

- « Je sais ce que c'est que d'exprimer mes sentiments à une autre personne dans une relation. »

- « Je sais quand exprimer mes sentiments dans une relation. »

- « Je sais comment exprimer mes sentiments dans une relation. »

- « Je sais ce que c'est que d'être vu(e) comme beau (belle) par une âme sœur. »

- « Je sais comment laisser ma vraie beauté briller pour cette personne spéciale. »

- « Je sais ce que c'est que d'être chéri(e) par une autre personne. »

- « Je comprends la définition de l'amour à travers le Créateur de Tout ce qui est. »

- « Je sais ce que c'est que d'aimer un homme/une femme. »

- « Je comprends la définition d'être aimé(e) par mon (ma) partenaire à travers le Créateur de Tout ce qui est. »

- « Je sais ce que c'est que d'être aimé(e) par mon (ma) partenaire. »

- « Je sais quand être aimé(e) par mon (ma) partenaire. »

- « Je sais comment être aimé(e) par mon (ma) partenaire. »

- « Je sais comment vivre ma vie quotidienne en étant aimé(e) par mon (ma) partenaire. »

- « Je connais la perspective du Créateur sur le fait d'être aimé(e) par mon (ma) partenaire. »

- « Je sais ce que c'est que d'avoir une relation basée sur l'amour. »

- « Je sais ce que c'est que de vivre sans abandonner qui je suis afin d'être dans une relation. »

- « Je sais ce que c'est que de vivre sans avoir à abandonner mon identité afin d'être dans une relation. »

- « Je sais comment aimer quelqu'un complètement et entièrement. »

- « Je sais comment donner de l'amour. »

- « Je sais comment gérer la confrontation de la meilleure et de la plus élevée des façons. »

- « Je sais comment vivre sans avoir peur de la vie. »

- « Je sais comment vivre sans culpabilité dans les relations. »

- « Je sais qu'il est possible d'être aimé(e) par mon (ma) partenaire. »

- « Je sais comment être flexible dans une relation. »

- « Je sais ce que c'est que d'être en sécurité avec un(e) partenaire. »

- « Je sais comment vivre avec quelqu'un sans le (la) dominer. »

- « Je sais comment être dans une relation sans rejouer les relations du passé. »

- « Je sais comment être dans une relation sans faire de l'autre mon père. »

- « Je sais comment être dans une relation sans faire de l'autre ma mère. »

- « Je sais comment maintenir ma relation avec mon âme sœur. »

- « Je comprends ce que c'est que d'aimer mon âme sœur pour qui elle est. »

- « Je sais comment aimer mon âme sœur pour qui elle est, ce qu'elle est et tout ce qu'elle pourrait devenir. »

- « Je comprends ce que c'est que d'être dévoué(e) à mon âme sœur. »

- « Je comprends ce que c'est que d'être entendu(e) par mon âme sœur. »

- « Je sais comment amener mon âme sœur à son potentiel le plus élevé. »

- « Je sais comment créer l'abondance à travers l'énergie de ma relation avec mon âme sœur. »

- « Je sais ce que c'est que de partager mon être entier avec une autre personne. »

- « Je sais comment créer une âme sœur dans cette vie. »

- « Je sais comment trouver mon âme sœur de vie la plus compatible. »

- « Je sais comment vivre ma vie quotidienne sans m'abandonner – me prostituer. »

- « Je sais comment vivre sans donner ma puissance aux autres. »

- « Je connais la différence entre mes sentiments/pensées/croyances/opinions/idées/comportements et ceux des autres. »

- « Je sais comment séparer mes sentiments/pensées/croyances/opinions/idées/comportements et ceux des autres. »

- « Je sais ce que c'est que d'être connecté(e) à moi-même. »

- « Je sais ce que c'est et comment être connecté(e) aux autres sans utiliser leur énergie de façon inappropriée. »

- « Je connais la définition du Créateur de l'interdépendance. »

- « Je sais ce que c'est et comment être interdépendant(e). »

- « Je sais ce que c'est que d'être vivant(e) et de ressentir sans me blesser d'aucune façon. »

- « Je sais comment et quand être sexuel(le) de la façon la meilleure et la plus élevée. »

- « Je sais ce que c'est que d'être en sécurité lors des relations sexuelles. »

- « Je comprends comment honorer ma sexualité sans ressentir le besoin de l'abandonner. »

- « Je sais comment me sentir puissant(e) pendant les relations sexuelles de la meilleure et de la plus élevée des façons. »

- « Je sais ce que c'est que de me sentir équilibré(e) et d'apprécier les relations sexuelles. »

- « Je sais que le Créateur de Tout ce qui est me protège lorsque j'ai des relations sexuelles. »

- « Je sais ce que c'est et comment être en sécurité lorsque je montre mes émotions pendant les relations sexuelles. »

- « Je sais comment et quand exprimer mes pensées et vérités lorsque j'ai des relations sexuelles de la meilleure et de la plus élevée des façons. »

- « Je sais comment profiter des relations sexuelles de la meilleure et de la plus élevée des façons. »

TRAVAIL SUR LES CROYANCES DANS LA PRATIQUE

Voici la transcription d'une séance de travail sur les croyances que j'ai effectuée avec un homme dans un séminaire. Cela te donnera une idée des croyances cachées qu'ont de nombreuses personnes à propos des relations.

Vianna : « Si tu pouvais manifester des changements dans ta vie et créer ton futur, que souhaiterais-tu créer ? »

Homme : *« Je voudrais créer une situation où je pourrais faire beaucoup de voyages et d'apprentissages. J'aimerais aussi écrire des livres. »*

Vianna : « Vois-tu le contenu de ces livres ? »

Homme : *« Non. »*

Vianna : « Vois-tu où tu voyages ? »

Homme : *« Je me vois en Angleterre et en Inde. »*

Vianna : « Que manifesterais-tu d'autre ? »

Homme : *« De très belles maisons. »*

Vianna : « Bien, ferme les yeux et imagine-toi dans une de ces très belles maisons. Imagine-toi vivre dans ce monde de voyages et d'enseignements et dans ta maison préférée. Quelle est la pire chose qui pourrait t'arriver dans cette manifestation ? »

Homme : *« Devoir quitter la maison lorsque je voyage. Il y a un sentiment de tristesse qui monte lorsque je pense à cela. »*

Vianna : « Donc tu as cette magnifique maison et tu voyages à travers le monde. Pourquoi es-tu triste ? »

Homme : *« Je pense que c'est parce que je crois que la maison est un sanctuaire paisible, mais je dois la quitter pour faire ce que j'ai à faire. »*

Vianna : « Donc c'est un fardeau de faire ces choses que tu veux faire ? »

Homme : « *Non, j'aime ça, mais c'est un peu comme une épée à double tranchant. J'aime faire ces choses, mais quand j'arrête de les faire, je ne suis pas dans mon sanctuaire.* »

Vianna : « OK, donc quelle serait la pire chose qui pourrait t'arriver si tu recevais cette manifestation ? »

Homme : « *Je ne comprends pas. Je suis assis dans la maison et je pleure.* »

Vianna : « Cette manifestation ne te rend pas heureux. Pourquoi ne te rend-elle pas heureux ? »

Homme : « *Je ne sais pas.* »

Vianna : « Ferme les yeux et reviens dans la manifestation. Que pensent les gens autour de toi de ton succès ? Que ressens-tu à propos de cela ? »

Homme : « *Ils se sentent détachés de moi.* »

Vianna : « T'es-tu détaché d'eux ? »

Homme : « *Oui, en effet.* »

Vianna : « Es-tu seul dans cette magnifique grande maison ? »

Homme : « *Oui, j'imagine.* »

Vianna : « C'est pour cela que tu pleures ? Ferme les yeux et penses-y une minute. Tu dois t'occuper de deux magnifiques maisons et tu voyages. Que ressens-tu dans cette réalité ? »

Homme : « *Je me sens seul.* »

Vianna : « Donc tu es seul. Il n'y a personne avec qui partager cela ? »

Homme : « *Je ne vois personne, désolé.* »

Vianna : « Donc cela signifie que les personnes qui sont maintenant dans ta vie ne seraient plus présentes ? Se sont-elles détachées de toi à cause de ton succès ? »

Homme : « *On dirait que la plupart d'entre elles ne peuvent plus se rattacher à moi.* »

Vianna : « Veux-tu de ces personnes dans ta vie ? »

Homme : « *Certaines d'entre elles.* »

Vianna : « Les as-tu toutes perdues, ou juste quelques-unes ? »

Homme : « *J'en ai perdu quelques-unes. Certaines personnes sont toujours là, mais elles ont leur propre vie et n'ont pas de temps pour moi.* »

Vianna : « Tu es en train de vivre ton rêve, mais tu es seul. Répète après moi : "Si je vis mon rêve, je serais seul." »

Homme : « *Si je vis mon rêve, je serais seul. [Il testa "oui".]* »

Vianna : « Il semblerait que tu aies ce programme.
Répète après moi : "Si j'ai l'abondance, je serais seul." »

Homme : « *Si j'ai l'abondance, je serais seul. [Il testa "oui".]* »

Vianna aux étudiants dans la classe : « Je ne vais retirer aucun de ces programmes maintenant, je lui parle seulement d'eux. Si je commence à les retirer au hasard, je ne trouverai jamais la croyance de base. [*À l'homme*] Donc maintenant nous devons continuer. Ce que je vais faire maintenant est de trouver pourquoi tu ressens ces choses. Est-ce que c'est une prémonition ou est-ce que c'est une vérité ? »

Homme : « *Que veux-tu dire ?* »

Vianna : « Je veux dire que si tu avais toutes ces choses, est-ce que cela se passerait vraiment ? Est-ce que tu te retrouverais vraiment seul ? »

Homme : « *Je ne pense pas. C'est juste quelque chose que je ressens.* »

Vianna : « OK, donc pourquoi ressens-tu cela ? »

Homme : « *C'est ce que j'ai toujours ressenti.* »

Vianna : « Tu t'es toujours senti seul ? »

Homme : « *Oui.* »

Vianna : « Toujours ? OK, donc pourquoi te sens-tu seul ? »

Homme : « *Car peu importe dans quelle relation j'ai été impliqué, je suis toujours seul lorsque je les arrête.* »

Vianna : « J'ai remarqué que tu as manifesté deux maisons et des voyages, mais tu n'as jamais demandé une relation. C'est plutôt intéressant. »

Homme : « *N'est-ce pas le cas maintenant ?* »

Vianna : « Donc, peu importe comment est ta relation et peu importe ce qu'est ta relation, tu es toujours seul. Dis cela. »

Homme : « *Peu importe comment est ma relation ou ce qu'est ma relation, je suis toujours seul. [Il testa "oui".]* »

Vianna : « OK, pourquoi penses-tu cela ? »

Homme : « *Parce que les personnes avec qui j'ai essayé d'avoir une relation ne sont pas sur la même longueur d'onde, ou nous allons toujours dans des directions différentes, ou nous ne voulons pas la même chose.* »

Vianna : « Sais-tu ce que c'est que d'avoir une bonne relation ? Sais-tu comment créer une bonne relation ? »

Homme : « *J'imagine que non, puisque je n'en ai pas.* »

Vianna : « Donc dis : "J'attire les personnes qui vont tout le temps me tirer dans la mauvaise direction." [Il testa "oui".] Donc, est-ce que ces femmes sont ton opposé ? »

Homme : « *Non, elles sont juste différentes.* »

Vianna : « Donc dis : "Je sais comment attirer quelqu'un qui me ressemble." »

Homme : « *Je sais comment attirer quelqu'un qui me ressemble. [Il testa "oui".]* »

Vianna : « Donc, que recherches-tu chez une autre personne ? »

Homme : « *Tu sais, je ne le sais pas. D'une certaine façon, je sais ce que je pense apprécier, mais il se trouve que je n'ai jamais vraiment su ce que j'apprécie.* »

Vianna : « Donc est-ce que je peux t'enseigner qu'il est possible de savoir ce que tu veux ? »

Homme : « *Oui.* »

Vianna : « On va aussi t'apprendre qu'il est possible de savoir ce que tu veux et de savoir comment attirer quelqu'un qui est une âme sœur compatible et qui grandira avec toi. Est-ce que ça va ? »

Homme : « *Oui.* »

Vianna : « On va t'apprendre que tu es capable de vivre ta vie sans être seul et qu'il est possible de faire cela. OK. Maintenant, tu as dit que tu étais différent des autres personnes. Est-ce que cela signifie que tu t'éloignes des autres personnes, ou es-tu juste si différent que personne ne te comprend, ou penses-tu qu'il est sacré d'être seul ? »

Homme : « *Probablement, c'est sacré d'être seul.* »

Vianna à la classe : « Il dit "Aucune femme ne me veut, je n'en veux pas non plus." [*À l'homme*] Répète après moi : "Il est plus sûr pour moi d'être seul." »

Homme : « *Il est plus sûr pour moi d'être seul. [Il testa "oui."]* »

Vianna : « Aimerais-tu savoir ce que c'est que d'être en sécurité dans ton monde ? »

Homme : « *Oui.* »

Vianna à la classe : « Lorsque j'ai téléchargé ce que c'est que d'être en sécurité dans son monde, il avait l'air paniqué. Lorsque tu fais un téléchargement, les personnes sont censées avoir un air soulagé et dire : "Cela fait du bien." Il n'a pas l'air heureux avec ce téléchargement. [*À l'homme*] OK, donc il est plus sûr d'être seul. Pourquoi ? »

Homme : « *Parce que je ne serais pas blessé.* »

Vianna : « Donc tu ne seras pas blessé si tu es seul ? Pourquoi ? »

Homme : « *Pourquoi ? Hum, je ne sais pas.* »

Vianna : « Depuis combien de temps ressens-tu cela ? »

Homme : « *On dirait que c'est depuis toujours.* »

Vianna : « Donc tu ressens ce sentiment de solitude depuis "toujours," parce qu'il est plus sûr d'être seul. Dis : "Il est sûr d'être seul." »

Homme : « *Il est sûr d'être seul. [Il testa "oui".]* »

Vianna : « Bien, mais cela ne doit pas durer en permanence. Aimerais-tu savoir ce que c'est que d'être en sécurité et de partager sa vie avec quelqu'un ? »

Homme : « *Oui.* »

Vianna : « Maintenant, si quelqu'un te connaissait vraiment, que pourrait-il arriver de pire ? »

Homme : « *On pourrait m'abandonner.* »

Vianna : « Donc vraiment, les gens ne vont pas seulement te blesser, ils vont t'abandonner. Donc, dis : "S'ils me connaissent vraiment, ils vont m'abandonner." »

Homme : « *S'ils me connaissent vraiment, ils vont m'abandonner.* »

Vianna : « Non, ce n'est pas le bon programme. À la place, dis : "S'ils connaissent vraiment mon cœur, ils vont m'abandonner." »

Homme : « *S'ils connaissent vraiment mon cœur, ils vont m'abandonner. [Il testa "oui".]* »

Vianna : « Donc, comment peux-tu laisser quelqu'un t'aimer ? Il est plus sûr d'être seul, car c'est moins compliqué que si quelqu'un t'abandonne. Aimerais-tu savoir ce que c'est lorsqu'une personne reste ? Ou est-ce mieux si elle t'abandonne ? La forces-tu à te quitter ? »

Homme : « *Je ne pense pas.* »

Vianna : « Qui t'a quitté ? »

Homme : « *Oh, pas littéralement, mais ma mère m'a plus ou moins quitté.* »

Vianna : « Qu'est-ce que cela signifie pour toi ? »

Homme : « *Je ne comprends pas.* »

Vianna : « Comment t'a-t-elle quitté ? »

Homme : « *Elle m'a quitté en ne me reconnaissant pas. La forme que cela a pris a commencé quand j'étais enfant. Si je ne lui donnais pas la réponse qu'elle voulait, il y avait des moments où elle devenait littéralement vide, cessait la conversation et partait, tout comme un enfant de cinq ans l'aurait fait. À une époque, je ne pouvais même pas avoir de contacts avec elle. Lorsque j'étais adolescent, ce genre de choses arrivait.* »

Vianna : « Tu fais de ton mieux pour que la relation fonctionne, mais elle te quitte quand même… Ce sont toutes les femmes, ou juste ta mère ? Ce sont toutes les femmes auxquelles tu tiens ? »

Homme : « *Oui, je pense.* »

Vianna : « Donc aimerais-tu savoir comment te lier avec une autre personne ? Comment être important ? Comment être traité avec respect et amour ? Aimerais-tu savoir que cela est possible ? Est-ce que c'est d'accord ? »

Homme : « *Oui.* »

Vianna : « Donc comment te sens-tu maintenant ? »

Homme : « *Triste.* »

Vianna : « Est-ce que c'est une tristesse meilleure ou pire ? »

Homme : « *Euh, du chagrin.* »

Vianna : « Tu as dû être un petit garçon triste qui ne pouvait pas se lier aux autres. On va t'apprendre comment te lier sur un niveau spirituel, physique et mental avec les gens, et à complètement te lier avec tout le monde autour de toi, et attirer des amis qui te soutiennent et qui sont fidèles. C'est d'accord ? »

Homme : « *Oui.* »

Vianna : « Et à savoir ce que c'est que d'être fidèle à quelqu'un. Et que les gens soient fidèles envers toi et liés à toi, et qu'il est sûr de faire cela. À attirer des personnes dignes de confiance, et des personnes qui n'agissent pas comme des enfants de cinq ans avec leurs émotions. Est-ce que c'est d'accord ? [À la classe] Ne me comprenez pas mal, agir comme un enfant n'est pas toujours une mauvaise chose et peut parfois être bon. [À l'homme] Aimerais-tu apprendre à gérer quelqu'un avec qui tu n'es pas lié ? »

Homme : « *Eh bien oui, j'aimerais. Jusque-là, je n'ai aucune idée – j'avais cinq ans lorsque cela est arrivé…* »

Vianna : « Est-ce que c'était déjà arrivé avant ? »

Homme : « *Probablement, mais ça, c'était le moment où j'ai réalisé à quel point c'était mal et à quel point ça faisait mal.* »

Vianna : « OK, donc j'ai besoin que tu retournes à ce moment, lorsque tu étais un garçon de cinq ans. Maintenant, je veux que tu te voies comme un adulte debout à côté de ce petit garçon et je veux que tu t'approches et que tu lui fasses un câlin. Maintenant, ferme tes yeux et manifeste. Est-ce que la personne avec qui tu as une relation amoureuse te comprend ? »

Homme : « *Oui.* »

Vianna : « Est-ce que tu la comprends ? L'aimes-tu toujours ? »

Homme : « *Jusque-là, oui.* »

Vianna : « Ferme les yeux. Est-ce qu'elle voyage avec toi ? »

Homme : « *Parfois.* »

Vianna : « C'est mieux quand elle voyage avec toi ? »

Homme : « *Parfois.* »

Vianna : « OK. Es-tu bien dans cette situation ? »

Homme : « *Oui.* »

Vianna : « Est-ce que cela paraît plus réel, possible ? »

Homme : « *Oui.* »

Vianna : « OK, les amis qui sont dans ta vie sont-ils toujours des amis que tu connaissais auparavant, ou est-ce que ce sont de nouveaux amis ? »

Homme : « *Certains d'entre eux sont des amis que j'ai maintenant.* »

Vianna : « C'est une bonne chose ! Comment te sens-tu ? »

Homme : « *Je me sens bien mieux – plus heureux. Les choses me paraissent beaucoup plus réalisables. Oui, ça paraît beaucoup plus réel.* »

Vianna hoche la tête : « Oui, c'est beaucoup plus réel. [À la classe] OK, donc nous venons de travailler sur deux sujets : "Quelle serait la pire chose qui pourrait arriver si tu avais cela dans ta vie ?" et "Comment les personnes réagiraient-elles si tu avais l'abondance ?" Ses blocages sur l'amour n'avaient rien à voir avec l'argent, ou les maisons, ou les voyages. Quel était son blocage ? Il ne voulait pas être seul dans une grande et vieille maison. À cause de cela, il ne pouvait pas créer une grande et vieille maison. Maintenant, il a quelqu'un avec qui partager, il peut avoir tout cela. Vérifions quelque chose d'autre. [À l'homme] Répète après moi : "Je serai seul." »

Homme : « *Je serai seul. Si je manifeste ce que je veux, je serai seul. [Il testa "non".]* »

Vianna à la classe : « OK, quelles autres choses vérifieriez-vous ? »

Les étudiants : « *Regarde s'il sait comment créer une bonne relation.* »

Vianna : « Répète après moi : "Je sais comment créer une bonne relation." »

Homme : « *Je sais comment créer une bonne relation. [Il testa "oui."]* »

Vianna : « Donc il sait comment créer une bonne relation. Répète après moi : "Je sais comment attirer quelqu'un de compatible." »

Homme : « *Je sais comment attirer quelqu'un de compatible. [Il testa "oui."]* »

Les étudiants : « *Vérifie s'il croit qu'il existe quelqu'un de compatible avec lui.* »

Vianna : « Répète après moi : "Quelqu'un qui est compatible avec moi existe." »

Homme : « *Quelqu'un qui est compatible avec moi existe.* »

Vianna : « Tiens fort – plus fort, plus fort, plus fort. Oui, il croit qu'il y a quelqu'un là dehors pour lui. OK, alors, vérifions : "Je vaux le coup." »

Homme : « *Je vaux le coup. [Il testa "oui."]* »

Vianna : « OK, dis : "Je sais comment me lier aux autres personnes." »

Homme : « *Je sais comment me lier aux autres personnes. [Il testa "oui."]* »

Vianna : « Je sais comment me lier à une femme à qui je tiens. »

Homme : « *Je sais comment me lier à une femme à qui je tiens.* »

Une femme : « *Si une femme voit mon cœur, elle s'enfuira.* »

Homme : « *Si une femme voit mon cœur, elle s'enfuira. [Il testa "non."]* »

Vianna à la classe : « A-t-il besoin de plus de travail sur les croyances ? Peut-être, mais il sera possible pour lui de trouver l'abondance et l'amour, puisque c'est la même chose. »

Partie II

LA QUÊTE DE L'ÂME SŒUR

Chapitre 5

SE PRÉPARER POUR L'ÂME SŒUR

De nombreuses personnes sont en quête de l'âme sœur. Dans certains cas, la quête devient plus importante que la réalisation de l'objectif. Sois attentif lorsque tu recherches ton âme sœur, parce que j'ai vu des gens qui sont devenus accros à la quête et qui recherchent toujours leur âme sœur.

Comme l'humanité évolue, il y a plus de choix d'âmes sœurs maintenant qu'auparavant. Nous avons des douzaines d'âmes sœurs, sous toutes sortes de formes. Nous avons aussi plus d'une âme sœur compatible. Comment peut-on s'assurer d'attirer la plus compatible à nous ?

FAIS CONFIANCE AU DIVIN

Tu devrais travailler sur tes problèmes de confiance, savoir que l'univers va vous réunir, ton âme sœur et toi. Il n'y a rien de mal à chercher son âme sœur, mais lorsque cela devient un comportement compulsif, la quête devient le seul objectif et il n'y a pas d'accomplissement. C'est comme une quête mystique pour le Saint Graal qui n'a ni début ni fin. C'est la quête qui devient le plus important, et pas la conclusion.

Tu es tellement habitué à parler du fait que tu n'as pas d'âme sœur que c'est tout ce que tu manifestes. C'est parce que tu dis à ton inconscient jour après jour : « je ne trouve pas mon âme sœur » et « il n'y a personne qui soit fait pour moi ». Et tu te demandes : « Pourquoi je ne l'ai pas encore trouvée, pourquoi on m'a oublié ? » Toutes ces pensées et mots négatifs empêchent l'univers de créer les circonstances dans lesquelles tu puisses rencontrer la personne la plus importante de ta vie.

La question que beaucoup de personnes posent est : « Où est mon âme sœur ? »

Mais ce n'est pas ce que la plupart des gens devraient se demander. Les questions qu'ils devraient se poser sont :

- « Qu'est-ce qu'une âme sœur ? »
- « Avec quel genre de personnes je souhaite être ? »
- « Qu'ai-je à offrir à cette personne particulière ? »
- « Que ferais-je avec mon âme sœur lorsque je l'aurais trouvée ? »

AIME-TOI POUR AIMER LES AUTRES

Une âme sœur peut te rendre heureux ou te déchirer émotionnellement, en fonction de comment tu te sens toi-même. Si tu n'es pas encore arrivé à un point où tu t'aimes sincèrement toi-même, une relation avec une âme sœur te plaquera au sol.

Dès que tu commenceras à t'aimer, une énergie intéressante apparaîtra dans ton chakra du cœur. Cela perturbera ton chakra sexuel pour appeler ton âme sœur compatible.

Lorsque tu commenceras à appeler ton âme sœur la plus compatible, tu verras que tu attireras aussi d'autres personnes vers toi, des personnes sensibles à ton énergie vibrante. Ce ne sont pas tous ceux qui seront attirés par toi qui seront ton âme sœur, et toutes les âmes sœurs ne seront pas compatibles avec toi.

La meilleure façon d'attirer une âme sœur compatible est de t'aimer toi-même et d'être fier de qui tu es. Lorsque tu te connais et que tu t'aimes, tu es prêt(e) pour ton âme sœur la plus compatible. Le niveau de développement que tu as atteint en tant que personne est ce qui va finalement dicter à l'âme sœur que tu attires de l'énergie de Tout ce qui est.

De nombreuses personnes pensent qu'elles ne peuvent pas être complètes jusqu'à ce qu'elles trouvent leur âme sœur, mais c'est le contraire qui est vrai. Les personnes doivent être complètes toutes seules d'abord. Pour être véritablement compatibles, deux personnes doivent s'aimer elles-mêmes et cet amour de soi génère un bonheur intérieur qui fleurit vers l'extérieur. C'est ce qui rend les énergies des âmes sœurs vraiment compatibles. De nombreuses personnes demandent à avoir l'âme sœur la plus compatible, mais elles ne sont pas prêtes, à cause de la haine qu'elles ressentent envers elles-mêmes. Tu dois t'aimer en premier.

« C'est à propos de moi ! »

Voici un autre scénario que je rencontre chez mes clients et mes étudiants : lorsqu'une personne trouve une âme sœur, elle ne pense qu'à elle et pas du tout à l'autre personne. Ceci n'est guère propice à une relation égale et aimante. Les deux personnes doivent se sentir libres d'être ouvertes et de partager leur vie, leurs goûts et leurs aversions, et toutes les facettes de leur personnalité, en étant à l'aise et en se sentant en sécurité. Elles doivent se sentir libres de partager des parties profondes d'elles-mêmes, sinon la relation sera construite sur une façade. Cela sera basé sur les envies et les besoins de l'une ou l'autre des parties, mais pas des deux.

Penses-y : qu'as-tu à donner en retour ? Qu'est-ce qui fait que tu vailles le coup ? Qu'est-ce qui fait que quelqu'un aimerait être avec toi ?

Si tu ne trouves rien, ce sont des choses sur lesquelles tu dois travailler. Ton message à l'univers devrait être : « Voici ce que je recherche chez une autre personne et voici ce que j'ai à offrir en retour. »

Écris trois choses que tu souhaites chez une personne et trois choses que tu pourras donner en retour.

SOIS ATTENTIF(VE) ET PRÊT(E) À AGIR

Tu peux trouver des âmes sœurs tout le temps. Rappelle-toi que tu en as plus d'une et que tu peux toujours en créer une nouvelle dans le même temps et le même lieu.

Or, beaucoup d'entre nous cherchent quelque chose qui est déjà à un niveau plus profond. Nous cherchons un amour qui est profond et inextinguible, quelque chose qui était en nous avant de venir ici et qui sera avec nous pour toujours, un être spécial avec qui partager nos pensées et sentiments, et ses pensées et sentiments. Nous cherchons quelqu'un avec qui marcher à travers notre vie et au-delà, *quelque chose d'éternel*. C'est assez délicat.

Lorsque tu poses des questions psychiques sur une âme sœur, il est important d'être capable d'interpréter correctement l'information que l'on te donne et de l'appliquer dans ta vie. Certaines personnes demandent des énergies divines : « Quand rencontrerais-je mon âme sœur ? » et on leur donne une date, et parfois une heure. La date et l'heure arrivent, mais elles ne se rendent pas compte qu'elles ont réellement rencontré leur âme sœur. Et ce, parce que lorsqu'elles posent ces questions, elles reçoivent les *possibilités* de la manière et du moment où elles *pourraient* rencontrer leur âme sœur. Le divin nous montre la direction et nous guide, mais nous devons rester en alerte et entreprendre les bonnes actions pour que les choses se passent.

Par exemple, tu peux demander à Dieu quand tu vas rencontrer ton âme sœur et on te dira que tu la rencontreras le 22 décembre et que cet homme portera un chapeau rouge. Le 22 décembre passé, tu ne penses pas avoir rencontré quelqu'un avec un chapeau rouge.

Mais tu as oublié que le 22 décembre, tu es allée à une fête de Noël et qu'il y avait un homme déguisé en père Noël et portant un chapeau rouge ! Cette personne était ton âme sœur, mais tu l'as complètement négligée. Quatre mois plus tard, ça te frappe : « Oh mon Dieu, c'était lui ! »

On t'a donné la bonne information, mais tu n'as pas posé assez de questions. Si tu as besoin de plus de précisions sur ce qu'on te dit, continue de poser des questions.

Aussi, sois prêt(e) à agir par rapport à l'information. Je sais que l'on a dit à beaucoup de personnes qu'elles devaient déménager maintenant pour rencontrer l'âme sœur la plus compatible. Cependant, elles ont refusé de déménager, et devine quoi ? Elles n'ont pas rencontré leur âme sœur la plus compatible.

Es-tu prêt(e) à entreprendre les actions nécessaires pour être avec cette personne spéciale ?

SOIS PATIENT(E)
Ultimatum à Dieu

Le leitmotiv classique des personnes qui demandent leur âme sœur est de blâmer Dieu lorsque l'âme sœur ne vient pas immédiatement dans leur vie. Elles sont en colère contre Dieu, comme si c'était la faute de Dieu, au lieu de penser que cela vient très probablement de leurs propres lacunes.

Une autre erreur commune est de faire des demandes à Dieu et *de poser* des ultimatums. Les gens disent : « Dieu, j'exige [et non pas "je demande" !] d'avoir mon âme sœur maintenant. » Ou ils n'utilisent pas forcément ce terme dans leur prière de manifestation, mais ils ont cette énergie, et c'est l'énergie qui est importante lorsque l'on manifeste.

Après avoir fait des milliers de lectures, j'ai trouvé un thème commun concernant le timing de l'âme sœur. Prenons un exemple.

Une femme m'a demandé : « Où est mon âme sœur ? Je la veux maintenant ! »

Je lui ai demandé : « OK, je vais aller jeter un coup d'œil dans ton avenir. »

Lorsque j'ai perçu son avenir, j'ai vu que son âme sœur n'était pas encore prête pour elle.

Donc je lui ai dit : « En ce moment, ton âme sœur est instable. Cet homme ne sera pas prêt avant au moins une année. Cependant, dans deux ans, sa vie deviendra plus stable et il sera prêt pour une relation. »

Déçue, la femme a dit : « Oh, mais il doit être prêt pour moi maintenant ! »

Elle a ignoré mes conseils et a commencé à supplier Dieu compulsivement : « Je la veux maintenant ! Je la veux maintenant ! Je la veux maintenant ! »

Plusieurs semaines plus tard, Dieu a finalement dit : « OK ! »

Était-ce vraiment ce que voulait cette femme ? Non ! À cause de *cette demande*, elle a trouvé son âme sœur, mais c'était beaucoup trop tôt et c'était un idiot ! Cependant, cela ne l'a pas dissuadée, parce que cet homme est sa véritable âme sœur et elle a été irrésistiblement attirée par lui.

EDonc il est entré dans sa vie, mais il traverse un divorce et il est évident qu'il est émotionnellement instable. Donc elle a commencé à blâmer Dieu. Elle a fait appel à Dieu, et elle s'est plainte : « Tout cela est faux ! »

La réponse de Dieu ne s'est pas fait attendre : « Eh bien, il n'aurait pas été instable si tu ne l'avais pas sorti trop tôt du four. Il devait encore cuire pendant deux ans et, si tu l'avais laissé faire, il aurait été un gâteau magnifique qui aurait été prêt pour toi. »

À cause de la précipitation et de l'impatience, le nouveau couple a passé l'année suivante dans une situation instable, jusqu'à ce que les choses s'apaisent finalement.

La femme aurait-elle dû écouter ces conseils ? Oui. Mais attendre, c'est difficile dans les affaires de cœur, n'est-ce pas ?

En donnant à cette femme ce qu'elle souhaitait, qu'a fait le Créateur ? Pour le Créateur, tout n'est qu'un processus d'apprentissage et apprendre d'une expérience difficile est la même chose qu'apprendre d'une expérience facile. En fin de compte, cela dépend de nous si l'expérience sera difficile ou facile. Nous avons toujours notre libre arbitre.

Quand des personnes posent des ultimatums à Dieu, il est probable qu'elles aient une sorte de manque dans leur personnalité. De façon générale, elles ont vraiment peur que l'on puisse en fait répondre à leurs prières, et le cas échéant, c'est la faute de Dieu et pas la leur.

VÉRIFIE TES CROYANCES

Nous avons déjà évoqué le fait de travailler sur ses croyances. Les personnes sont attirées les unes vers les autres à cause de croyances négatives qu'elles partagent, tout comme de croyances positives. Donc tu devrais annuler autant de croyances négatives que possible et faire un travail sur les sentiments pour attirer la meilleure personne.

Un domaine où tes croyances peuvent t'empêcher de trouver ton âme sœur est une maladie physique.

L'âme sœur et la maladie

Certaines personnes sont attachées à leur maladie physique, car à un niveau profond elles ont peur du changement et de leur croissance personnelle. Dans certains cas, les gens sont si attachés à leur maladie qu'ils ne vont pas attirer leur âme sœur à eux, car cela représente un changement de vie majeur. Dans ce scénario, la personne restera malade et ne fera pas l'effort d'aller mieux.

Il est possible que si tu crois que tu vas être blessé si tu es heureux, ton cerveau te maintienne malade. Tu pourrais avoir le programme « Si je suis heureux et si je tombe amoureux, ils me quitteront ou me blesseront. » Donc tu pourrais attirer quelqu'un qui n'est pas une âme sœur compatible.

Ton cerveau t'aime assez pour retenir ces programmes pour toi. Donc dans de nombreux cas, l'important est de trouver comment la maladie t'est utile. Si tu peux libérer cette énergie, tu pourras comprendre que tu peux être heureux sans avoir peur des changements, et donc trouver ton âme sœur.

Demande-toi ce qui se passerait si tu trouvais ton âme sœur. Tu pourrais être heureux(se) et plein(e) de joie. Demande-toi ce qui se passerait si tu étais heureux(se) et plein(e) de joie. Que se passerait-il ?

SOIS POSITIF

Il y a quelqu'un pour chacun d'entre nous. Lorsque quelqu'un me dit qu'il n'y a personne qui soit fait pour lui/elle, je lui dis d'aller au supermarché et « de regarder les gens » pendant un moment. Il/elle voit alors beaucoup de couples, certains d'entre eux ressemblent à des êtres humains, mais certains pas ! Si ces personnes peuvent trouver quelqu'un, alors tout le monde le peut !

Si tu dis à l'univers qu'il n'y a personne pour toi, alors tu le manifesteras. Et ce que tu veux vraiment manifester, ce sont des personnes positives.

Manifester des personnes positives

1. Centre-toi dans ton cœur et visualise-toi descendre dans la Terre Mère, qui est une partie du Tout ce qui est.

2. Monte à travers ton chakra de la couronne dans une boule de lumière et projette ta conscience toujours plus haut, traverse les étoiles jusque dans l'univers.

3. Va au-delà de l'univers, traverse les couches de lumière, à travers la lumière dorée, traverse la substance de gelée que sont les lois, dans une lumière blanche perlée et étincelante, qui est le 7ᵉ plan de l'existence.

4. Passe la commande à ton inconscient et demande au Créateur :

> « *Créateur de Tout ce qui est, il est commandé que j'attire vers moi des personnes qui aient la même vision des choses que moi. Merci ! C'est accompli, c'est accompli, c'est accompli.* »

5. Sois témoin de personnes qui ont la même vision des choses que toi entrer dans ta vie à l'avenir.

6. Dès que le processus est fini, rince-toi avec l'énergie du 7ᵉ plan et restes-y connecté(e).

Dans le chapitre suivant, je vais te montrer comment manifester une âme sœur. Lorsque tu envoies ton message à l'univers à travers le Créateur de Tout ce qui est, demande toujours ton âme sœur *la plus compatible de la meilleure et de la plus haute* des façons. De cette façon, tu as une bien meilleure chance d'en trouver une qui soit en harmonie avec toi mentalement, sexuellement, spirituellement, physiquement et émotionnellement.

Cependant, *la meilleure et la plus* élevée des façons ne signifie pas toujours que ce soit la plus facile. Il peut y avoir des moments intéressants sur la quête de ton âme sœur…

Chapitre 6

MANIFESTER UNE ÂME SŒUR

Si tu vas manifester une âme sœur, tu dois tout d'abord être sûr que c'est ce que tu souhaites vraiment. Es-tu prêt(e) à partager ta vie avec quelqu'un ? Demande à ton cœur si tu es vraiment prêt(e) à tout partager avec une autre personne. Recherches-tu une âme sœur ou un esclave ?

Quelle est la pire chose qui pourrait arriver si tu obtenais ce que tu veux ? Y a-t-il une voix en toi qui te dit que tu ne le mérites pas ou qui t'inquiète à propos de ce qu'il pourrait se passer, une fois que tu l'aurais obtenu ? Travaille sur cette voix, sur les croyances qui lui donnent la force de parler.

Si tu demandes au Créateur de t'emmener là où tu devrais être pour rencontrer ton âme sœur, es-tu sûr(e) d'être prêt(e) à aller dans cet endroit ?

Si tu as une âme sœur, es-tu prêt(e) à passer du temps avec elle ? Si tu t'ennuies avec un seul partenaire, c'est peut-être parce que tu n'as pas le gène de la monogamie (tout le monde ne le porte pas ; se reporter au chapitre 10).

Tous ces éléments entrent en ligne de compte lorsque tu manifestes une âme sœur. Donc, même si tu penses y être pleinement préparé(e), pose-toi les questions suivantes :

- Souhaites-tu une âme sœur ou un(e) partenaire maintenant ?
- As-tu quelque chose à offrir à l'autre ?
- Qu'est-ce qui fait que tu vailles le coup ?
- Que connais-tu du sexe opposé ?
- Es-tu prêt(e) à apprendre et à toujours continuer d'apprendre ?
- Sais-tu que tu mérites d'accomplir tes rêves ?

SACHE CE QUE TU DÉSIRES

Une fois que tu es sûr(e) d'être prêt(e) à manifester une âme sœur, tu dois savoir exactement ce que tu désires. Lorsque tu te connectes et que tu demandes une âme sœur à Dieu, tu dois être très précis(e). Tu dois être précis sur le genre, même l'espèce, car si tu demandes quelqu'un qui t'aime inconditionnellement, tu pourrais recevoir un chien.

- Veux-tu une âme sœur riche ?
- Veux-tu qu'elle soit célibataire ou mariée ?
- Veux-tu qu'elle partage sa fortune avec toi ?

De nombreuses personnes s'assoiront et écriront une longue liste de ce qu'elles souhaitent chez une autre personne. Je connais des personnes qui écrivent tout ce à quoi elles pensent, mais elles oublient la chose la plus importante : que leur âme sœur soit compatible avec elles et qu'elles soient amoureuses.

Ne demande pas une âme sœur *parfaite*, car elle pourrait être trop parfaite. Plutôt, demande ton âme sœur *la plus compatible*.

Si tu as une préférence sur la fidélité sexuelle d'une personne, précise que ton âme sœur doit avoir le gène de la monogamie.

L'exercice suivant va t'aider à clarifier ce que tu veux et, plus important encore, ce que tu as à offrir en retour :

Savoir ce que tu recherches chez une âme sœur

1. Liste quatre traits de caractère que tu souhaites chez une âme sœur.

2. Regarde ce qu'une autre personne pense être important chez une âme sœur et emprunte-lui deux traits de caractère.

3. Écris les quatre meilleures qualités que tu as à offrir à ton âme sœur.

4. Liste deux qualités que les autres voient en toi.

5. Liste toutes les qualités que ton âme sœur devra avoir.

MANIFESTER

Voici plusieurs moyens pour manifester ton âme sœur :

Appeler ton âme sœur la plus compatible

1. Centre-toi dans ton cœur et visualise-toi descendre dans la Terre Mère, qui est une partie du Tout ce qui est.

2. Monte à travers ton chakra de la couronne dans une boule de lumière et projette ta conscience toujours plus haut, traverse les étoiles jusque dans l'univers.

3. Va au-delà de l'univers, traverse les couches de lumière, à travers la lumière dorée, traverse la substance de gelée que sont les lois, dans une lumière blanche perlée et étincelante, qui est le 7e plan de l'existence.

4. Passe la commande à ton inconscient et demande au Créateur :

   « Créateur de Tout ce qui est, il est commandé que mon âme sœur la plus compatible soit amenée vers moi, et qu'elle ait ces attributs : [dis les attributs]. Merci ! C'est accompli, c'est accompli, c'est accompli. »

5. Sois témoin de l'appel qui est envoyé à ton âme sœur la plus compatible.

6. Dès que le processus est fini, rince-toi avec l'énergie du septième plan et restes-y connecté(e).

Note ce qui suit :

- Si tu commandes d'avoir ton âme sœur la plus compatible *maintenant*, tu vas attirer la personne qui est la plus compatible actuellement. Ce ne sera peut-être pas la plus compatible de toutes.
- Si tu souhaites quelqu'un avec qui passer ta vie, au lieu de dire que tu souhaites une âme sœur compatible, demande ton âme sœur de vie divine.

MANIFESTATION PENDANT 10 JOURS

1. Prends la liste de toutes les choses que tu souhaites chez ton âme sœur et pose-la à côté de ton lit.
2. Connecte-toi au 7e plan comme expliqué plus haut. Imagine cette personne pendant que tu es en état Thêta.
3. Effectue cela chaque jour pendant au moins 10 jours.
4. Chaque matin, médite pour devenir la personne que tu souhaites être dans la relation avec ton âme sœur.

Exercice pyramidal pour trouver ton âme sœur

Un des exercices les plus importants pour appeler ton âme sœur est la méditation suivante. Je l'ai utilisée tout au long de ma vie pour apporter toutes sortes d'abondances.

Dans cet exercice, nous utilisons l'énergie pyramidale pour agrandir la manifestation.

1. Connecte-toi au 7e plan comme auparavant.

2. Passe la commande :

   « *Créateur de Tout ce qui est, il est commandé que j'amène mon âme sœur compatible dans ma vie. Merci ! C'est accompli. C'est accompli. C'est accompli.* »

3. Imagine-toi être debout sous une énorme pyramide. Sois témoin de l'énergie de ta requête envoyée au centre de la pyramide pour être magnifiée et envoyée à l'univers.

4. Dès que le processus est fini, rince-toi avec l'énergie du 7e plan et restes-y connecté(e).

Chapitre 7

CONSEILS POUR LES ÂMES SOEURS

Dans ce chapitre, nous allons évoquer certains aspects pratiques qui peuvent aider à trouver une âme sœur. Pour certains, cette information pourrait sembler redondante, mais j'ai été surprise de constater à quel point mes clients et étudiants étaient naïfs quant aux simples nuances d'une relation.

LES ÂMES SŒURS PLEUVENT !

Il est probable qu'une fois que tu commenceras à appeler une âme sœur, tu en attires plus d'une *en même temps*. C'est parce que tu donnes un signal à l'univers que tu t'aimes vraiment et que tu es prêt(e) pour une âme sœur.

Peu importe ce que tu souhaites, peu importe les difficultés, prépare-toi à ce que cela arrive sur ton chemin. Je me souviens d'une femme qui est entrée dans mon magasin et qui a dit de la manière la plus prétentieuse possible : « Je veux mon âme sœur ! Je veux que ce soit un homme viril, mais je ne veux pas qu'il regarde le sport. Je veux qu'il m'attende de pied ferme, qu'il prenne soin de moi et me masse les pieds ! Je veux qu'il fasse les courses avec moi et qu'il connaisse toutes les tendances en matière de chaussures ! »

J'ai pensé : « Nous vivons dans l'Idaho, où les hommes sont des hommes ! Ils aiment chasser, pêcher, le sport et les femmes – généralement dans cet ordre. Un homme viril est relativement simple à trouver. Un homme qui aime acheter des choses que les femmes aiment et qui connaît les styles de chaussures… eh bien, c'est peut-être pousser la manifestation un petit peu trop loin. »

Donc j'ai dit à cette femme : « Es-tu sûre de vouloir un homme viril ? Ne préférerais-tu pas avoir un ami gay avec qui faire tout ça ? »

Elle m'a dit : « Non, je veux mon âme sœur ! »

Donc la voici, faisant toutes ces demandes à l'univers et sur le libre arbitre d'une autre personne, et ne comprenant pas qu'elle doit donner tout autant que ce qu'elle reçoit dans une relation. Donner et recevoir dans une relation, cela devrait commencer au niveau spirituel.

Je ne sais pas ce qui lui est arrivé, mais un jour, alors que je racontais cette histoire dans un de mes séminaires, une femme a dit : « J'ai trouvé mon âme sœur, et il connaît toutes les tendances en matière de chaussures, il aime faire du shopping avec moi, et c'est toujours un homme viril ! »

Apparemment, c'était un hétérosexuel compréhensif de Californie.

SORTIR ENSEMBLE

Une fois que tu auras rencontré quelqu'un et que cette personne voudra sortir avec toi, que se passera-t-il ? Certaines personnes ont besoin d'être coachées sur la manière d'avoir un rendez-vous galant. Et il y a ceux qui *sortent ensemble*, et ceux qui *se marient*. De quelle catégorie fais-tu partie ? Es-tu du genre de ceux qui se marient ? Veux-tu passer ta vie avec une autre personne dans une relation de monogamie ? Si c'est ce que tu veux, alors c'est ce que tu devras manifester dans la réalité, et non par une série de rendez-vous. Sinon, tu ne feras que te tromper.

Les speed-datings, en particulier, ne sont pas une bonne idée dans l'accomplissement de cet objectif. Il y a de meilleurs moyens pour trouver ton âme sœur, et c'est très important que tu saches exactement ce que tu veux, pour que tu n'envoies pas de demandes confuses à l'univers.

Affirmations pour âmes sœurs

Pour trouver la bonne personne, essaye les affirmations suivantes. Une affirmation est une déclaration à ton esprit inconscient, tout comme à l'univers, de ce que tu attends. Pendant dix jours, lis ces affirmations chaque nuit avant de dormir :

« *Chaque jour, par tous les moyens, je vais mieux.* »

« *Par tous les moyens, je permets à l'univers de m'apporter mon âme sœur compatible.* »

« Mon âme sœur compatible est dans
ma vie et au bon moment. »

« Je vais de mieux en mieux. »

« Je vais honorer cet amour. »

« Je mérite cet amour. »

« Je vaux le coup. »

Rencontres sur Internet

Internet nous permet de communiquer plus que jamais auparavant. À travers le monde, les personnes se parlent les unes les autres, et beaucoup se rencontrent grâce à des sites spécialisés. Au début, on pourrait penser que c'est une bonne idée, et certaines personnes trouvent leur véritable amour ainsi. Cependant, les rencontres en ligne apportent également leurs problèmes.

Sur Internet, les personnes ne sont pas qui elles sont vraiment. Il y a là un élément d'illusion. Les prédateurs se présentent comme ils l'entendent. Les personnes mariées utilisent Internet pour commencer une nouvelle liaison.

Lorsque tu finis par rencontrer physiquement quelqu'un que tu as appris à connaître en ligne, il se peut qu'il soit très éloigné de la façon dont il s'est présenté. Certaines personnes peuvent même se révéler avec d'autres orientations sexuelles.

Lorsque tu organises un rendez-vous, prendre des précautions pour ta sécurité personnelle est essentiel. Le monde est plein de toutes sortes de personnes, et certaines d'entre elles ne sont pas forcément gentilles. Si tu rencontres quelqu'un en ligne et puis que tu décides de la rencontrer en chair et en os, fais-le dans un lieu public et emmène un ami.

Étapes préliminaires

Même si les personnes se rencontrent, les deux parties doivent être d'accord sur le fait qu'elles sont des âmes sœurs compatibles qui commencent une relation, et cela ne sera peut-être pas immédiatement évident qu'elles sont des âmes sœurs tout court. Une des deux personnes pourrait réaliser qu'elle a trouvé le véritable amour avant l'autre.

Si tu es cette personne, il est important que tu n'effraies pas ton âme sœur en étant trop exubérant avec elle. Cela pourrait prendre du temps pour les deux personnes de réaliser ce qui est en train de se passer. Cela est principalement dû aux craintes générées par les relations passées.

J'ai également observé que beaucoup de personnes utilisent le concept d'âme sœur comme argument lorsqu'elles sortent ensemble pour la première fois. Elles prétendent qu'elles connaissaient la personne dans une vie passée et elles le lui disent. Ces arguments sont devenus presque aussi répandus que de demander le signe astrologique, du moins dans certains cycles spirituels.

Il y a peu de choses plus troublantes que quelqu'un que tu viens de rencontrer, qui te dise qu'il te connaît d'une vie passée et qu'il est ton âme sœur.

RENCONTRES ET SEXUALITÉ

Lorsque tu rencontres une personne et que tu as des sentiments pour elle, tu devrais savoir si c'est profond et significatif ou si c'est juste basé sur une attraction physique. L'attraction physique est un instinct très fort, mais cela ne doit pas être confondu avec les sentiments que nous avons pour une véritable âme sœur. Bien que tu sois sexuellement attiré par ton partenaire divin, tu dois connaître la différence entre hormones et spiritualité.

(Cela dit, j'ai entendu parler de personnes qui ont une relation platonique avec leur âme sœur et qui sont heureuses ainsi.)

La plupart des personnes n'enseignent pas les bonnes pratiques de fréquentation à leurs enfants, et ce n'est certainement pas enseigné non plus à l'école. Une autre chose qui n'est pas enseignée à la plupart des enfants est la façon dont le sexe est spirituellement lié à qui nous sommes. Je pense que les enfants devraient comprendre que lorsqu'ils ont des relations sexuelles, il y a un échange d'énergie qui peut durer sept ans, comme une empreinte dans leur corps physique et éthérique.

C'est pourquoi il est important d'aller à un rendez-vous avec quelqu'un qui soit compatible avec toi. Ne fais pas de rencontre « par pitié » et ne t'engage pas dans des rencontres « sportives. » Ces pratiques ne sont pas propices à la croissance spirituelle.

En outre, les scientifiques ont récemment découvert que les personnes qui ont des relations sexuelles laissent leur ADN dans le corps de l'autre. À notre niveau de technologie, il est difficile de dire à quel point cet « échange d'ADN » est bénéfique, mais, s'agissant du transfert de maladies, cela ne l'est sûrement pas.

Par exemple, les docteurs ont récemment découvert des traces d'ADN du virus Ebola dans le sperme d'un homme qui s'était rétabli de la maladie lors d'une épidémie récente en Afrique. Il était testé positivement à des traces d'ADN d'Ebola pendant trois mois avant que la maladie ne disparaisse finalement. Et ce, parce que le système reproductif est isolé du reste du corps et que les virus et les bactéries peuvent y rester plus longtemps : ils peuvent subsister dans le système reproductif sans être dans le système sanguin.

Femmes, vous le valez bien !

Une de mes clientes m'a dit qu'elle ne comprenait pas pourquoi les hommes la quittaient après avoir été dans sa chambre. Mesdames, vous ne devriez pas avoir de rapports sexuels avec un homme trop tôt dans une relation. Vous devez vous considérer comme le prix, le cadeau chéri, pas le trophée. C'est une erreur de regarder une personne séduisante ainsi ! Eh bien oui, c'est bien si vous vous valorisez autant que vous les valorisez. Mais qu'est-ce qui fait que vous le valiez bien ? Qu'est-ce qui fait de vous la prise ?

Rappelle-toi, tu le vaux bien, et le sexe, c'est juste le glaçage sur le gâteau, donc ne mets pas de glaçage partout ! Plus tu dépenses d'énergie pour des personnes qui ne sont pas ton âme sœur, moins tu en auras pour attirer ton âme sœur.

Avant que tu aies des relations sexuelles avec quelqu'un, assure-toi que ce soit une personne avec qui tu aies envie d'être. Mène une enquête avant d'aller trop loin dans une relation. Il ne devrait y avoir aucune culpabilité associée avec le fait d'enquêter sur un(e) possible partenaire.

LE CERVEAU MASCULIN ET FÉMININ

Un point à prendre en compte lors d'une rencontre est que les hommes et les femmes utilisent leur cerveau de façon différente. Il y a eu beaucoup de discussions sur la théorie du cerveau droit et du cerveau gauche. On dit que les hommes utilisent leur cerveau gauche et les femmes le cerveau droit. Comment cela affecte-t-il leurs interactions ?

Dans l'utérus, au quatrième mois, un bébé qui reçoit un afflux de testostérone va utiliser davantage son cerveau gauche. Cette accentuation du cerveau gauche l'aide à se concentrer sur une chose à la fois, ce sera donc un bon chasseur, guerrier et protecteur. C'est un critère séculaire de développement évolutif. Mais dans les années 1970, de plus en plus de garçons naissaient avec des attributs du cerveau droit. L'énergie du cerveau droit nous donne la capacité de sympathiser avec les autres et d'être multitâches à plusieurs niveaux.

Tout le monde est né avec une plus grande activité du cerveau droit ou du cerveau gauche, c'est selon. Si une femme est plus axée sur le cerveau gauche, elle aura tendance à très bien s'entendre avec les hommes. Cependant, elle pourra ne pas s'entendre avec les femmes, parce qu'elle ne pourra pas les comprendre, alors qu'un homme utilisant son cerveau droit pourra facilement travailler avec des femmes.

Dans tout couple, hétérosexuel ou homosexuel, cet aspect cerveau droit – cerveau gauche se manifestera dans la relation. L'une ou l'autre personne, quel que soit son sexe, assumera le rôle masculin et l'autre, le rôle féminin.

Dans ma relation avec mon mari, nos rôles sont parfois invariablement inversés. Comme j'enseigne devant des groupes de personnes, je prends généralement plus le « rôle masculin » dans notre relation, et si mon mari n'était pas sûr de sa virilité, notre relation serait beaucoup plus difficile.

Afin de nous adapter à notre relation non conventionnelle, nous avons tous deux changé nos croyances et nos rôles. Quand Guy commence à me raconter un événement survenu dans sa journée, je prends le rôle masculin et je tente immédiatement d'y réfléchir, sans comprendre que Guy ne veut pas réparer quoi que ce soit, mais veut seulement en parler, tout comme une femme le ferait. J'essaie de tout résoudre parce que j'assume des responsabilités tous les jours, et cette mentalité s'est introduite dans notre relation. Nous ne changeons pas toujours de rôles. Parfois, nous sommes très conventionnels dans nos interactions l'un avec l'autre.

Un point intéressant en ce qui concerne l'interaction homme-femme est que beaucoup de gens disent que les hommes ne peuvent pas entrer en contact avec leurs sentiments. J'ai constaté que les hommes ont des sentiments profonds, mais c'est la façon dont ils les expriment qui les différencie des femmes. J'ai connu des hommes qui se sont allongés et qui sont morts juste après le décès de leur épouse de 50 ans. Ils ne semblent tout simplement pas pouvoir faire d'ajustements comme le peut une femme. Après la mort d'un conjoint, la plupart des femmes peuvent déménager et se remarier les années suivantes et revivre en couple pendant vingt ans.

Il existe de nombreuses différences entre les sexes, et ce sont ces différences qui peuvent améliorer notre relation avec notre âme sœur, si nous pouvons les comprendre. La clé est d'entraîner le cerveau pour qu'il soit équilibré, de sorte que le cerveau droit et le cerveau gauche fonctionnent ensemble.

ÉQUILIBRE DU CERVEAU MASCULIN ET FÉMININ

1. Centre-toi dans ton cœur et visualise-toi descendre dans la Terre Mère, qui est une partie du Tout ce qui est.

2. Monte à travers ton chakra de la couronne dans une boule de lumière et projette ta conscience toujours plus haut, traverse les étoiles jusque dans l'univers.

3. Va au-delà de l'univers, traverse les couches de lumière, à travers la lumière dorée, traverse la substance de gelée que sont les lois, dans une lumière blanche perlée et étincelante, qui est le 7e plan de l'existence.

4. Passe la commande à ton inconscient et demande au Créateur :

    « *Créateur de Tout ce qui est, il est commandé que l'aspect masculin – féminin du cerveau de [prénom de la personne] soit équilibré de la meilleure et la plus élevée des façons, comme cela est approprié pour le moment. Merci ! C'est accompli, c'est accompli, c'est accompli.* »

5. Déplace ta conscience au-dessus de l'espace de la personne. Va dans son cerveau et sois témoin des aspects masculins et féminins qui s'équilibrent de la façon la plus appropriée.

6. Dès que le processus est terminé, rince-toi avec l'énergie du septième plan et restes-y connecté(e).

ENVOYER DE L'AMOUR AU BÉBÉ DANS L'UTÉRUS

Cet exercice est utile aux hommes et aux femmes. Beaucoup de gens qui ont pratiqué le ThetaHealing l'ont déjà utilisé, donc je le mentionne pour ceux qui ne le connaissent pas encore.

J'utilise cet exercice dans les relations avec les âmes sœurs parce que certaines personnes sont dans la confusion à propos du type d'amour qu'elles souhaitent dans la relation avec leur âme sœur. Si elles ne comprennent pas ce que c'est que d'être chéries, nourries et aimées par leur père et leur mère, il se peut qu'elles tentent de recréer ce type d'amour dans une relation avec un amoureux. Certaines personnes disent que les femmes vont rechercher leur père dans leur première relation et que les hommes vont rechercher leur mère.

Un jour, j'ai rencontré une femme qui sentait que son mari était à la fois son père, son ami, et son mari. Pour elle, il remplissait le rôle de père parce qu'elle n'avait jamais aimé son père. Cela le rendait mal à l'aise, cependant, car il ne voulait pas jouer ce rôle. Ce genre de relation peut être source de confusions.

Nous n'avons peut-être jamais ressenti le bon amour et nous ne le savons pas. En plus d'affecter nos relations, être aimé dès le début de notre vie peut jouer un rôle important dans notre état de santé général à mesure que nous vieillissons.

Il est important que tu saches ce que c'est que d'être aimé par tes parents depuis le moment de la conception. Comment as-tu été conçu(e) ? Quel était le contexte à cette époque ? Lorsque ta mère et ton père ont découvert cette grossesse, comment se sont-ils sentis ? Étais-tu voulu(e) ou non ? As-tu été adopté(e) ? Un de tes frères ou sœurs était-il plus aimé que toi ?

Certain(e)s d'entre vous ont pu naître parce que les gens n'utilisaient pas de moyens contraceptifs comme on le fait maintenant. Ta mère était-elle heureuse lorsque tu es né(e), ou se sentait-elle submergée ? Comment as-tu été reçu(e) à ta naissance ?

Depuis la conception, nous sommes conscients de tout autour de nous, comme les sentiments, les émotions et les croyances de notre mère. Le sentiment d'être submergé, de ne pas vouloir d'enfant, et d'autres stress peuvent nous être transmis et affecter notre taux de noradrénaline et de sérotonine. Certains d'entre nous commencent aussi comme « un » alors qu'il s'agissait de jumeaux. La nature ne peut faire naître qu'un tiers des jumeaux qui sont conçus. Cela produit parfois un sentiment de solitude du jumeau restant. Des tentatives d'avortement peuvent aussi affecter un individu.

Les anciens Hawaïens blâment les disputes et la discorde autour d'une femme enceinte. Si cela arrive, ils pensent que le couple peut être puni après la naissance de l'enfant. Ils pensent que, pour que le bébé ait la meilleure chance de survie, il faut être entouré d'une bonne énergie et de bonnes vibrations depuis la conception.

De quoi parlaient tes parents lorsque tu es né(e) ? Y avait-il de l'excitation et une énergie accueillante, ou se disputaient-ils ?

Aimaient-ils l'idée que tu arrives ? Lorsque tu es arrivé(e), était-ce chaleureux ? As-tu été emmené(e) loin de ta mère ? As-tu été allaité(e) ?

Tous ces souvenirs ont été gardés dans ton corps. Comme une éponge, tu as absorbé tous les mots qui ont été dits. Quels mots t'ont mis(e) mal à l'aise, t'ont fait penser que tu n'en valais pas la peine, que tu étais coupable, magnifique, fier(ère) de toi ? Pour libérer toutes les énergies négatives de cette période et comprendre ce que c'est que d'être aimé(e), tu peux envoyer de l'amour au bébé dans l'utérus.

ENVOIE DE L'AMOUR AU BÉBÉ DANS L'UTÉRUS

1. entre-toi dans ton cœur et visualise-toi descendre dans la Terre Mère, qui est une partie du Tout ce qui est.

2. Monte à travers ton chakra de la couronne dans une boule de lumière et projette ta conscience toujours plus haut, traverse les étoiles jusque dans l'univers.

3. Va au-delà de l'univers, traverse les couches de lumière, à travers la lumière dorée, traverse la substance de gelée que sont les lois, dans une lumière blanche perlée et étincelante, qui est le 7e plan de l'existence.

4. Rassemble tout l'amour inconditionnel et passe la commande :

   « *Créateur de Tout ce qui est, il est commandé que l'amour, la nutrition, la compassion et l'acceptation soient envoyés à [toi-même ou une autre personne] en tant que bébé dans l'utérus. Merci !*
   C'est accompli, c'est accompli, c'est accompli. »

5. Maintenant, connecte-toi et sois témoin de l'amour inconditionnel du Créateur autour du bébé, que ce soit toi, ton propre enfant, ou tes parents. Sois témoin de l'amour qui remplit l'utérus et regarde-le envelopper le fœtus et éliminer tous les poisons, les toxines et les émotions négatives, entourer la personne avec amour depuis le début de sa vie, tout au long de sa vie, et au-delà.

6. Lorsque tu as fini, rince-toi avec l'énergie du septième plan et restes-y connecté(e).

Chapitre 8

CONSEILS POUR LES FEMMES

Les filles, si ça vous intéresse, je vais vous dire ce que veulent les hommes… Ils veulent que vous soyez gentilles, douces, magnifiques, aimantes, et amusantes. Tu dois être quelqu'un avec qui l'on peut faire des choses amusantes et à qui on peut presque tout dire. Et lorsque vient ce moment particulier, les hommes veulent que tu sois une fille sympa jusque dans la chambre. Ensuite, ils vont vouloir un peu de passion.

Que veux-*tu* ? Beaucoup de femmes ont une image du type d'homme qu'elles veulent. C'est souvent un homme qui soit courageux, beau, intelligent, riche, aimant, et tolérant, avec une forte énergie masculine et une bonne masse musculaire. Oui, les filles, s'il a des muscles, cela signifie qu'il a dû faire quelque chose pour les avoir, et cela signifie que cet homme est impliqué dans plusieurs choses : le sport, l'exercice, et les efforts !

Il y a un thème récurrent chez de nombreuses femmes avec qui je parle concernant la recherche d'une âme sœur : elles veulent un homme « viril », mais, dès qu'elles l'ont, elles veulent le déviriliser ! Ou elles ne veulent pas faire l'effort de l'avoir en premier lieu, surtout si cela implique de devoir changer leur propre vie. Elles veulent avoir un homme viril, mais elles veulent aussi rester à la maison et regarder la télé, ou aller faire du shopping.

Que sais-tu à propos des hommes ? Si tu es attirée par eux, il est important que tu développes tes connaissances à leur sujet afin que tu puisses être dans une relation avec l'un d'entre eux.

J'ai déjà travaillé dans un environnement masculin et j'ai découvert que les hommes pouvaient parfois être ignobles, des êtres dégoûtants s'agissant de leurs tendances animales et de leurs attitudes envers les femmes. Cela va sans dire, mais il faut le dire : dans ton lieu de travail, ne couche pas et tu t'assureras le respect de tes collègues masculins. Et tu pourras avoir de belles amitiés avec eux.

C'était utile pour moi de faire la plupart des choses que les hommes faisaient (tirs, combats). Je tirais mieux avec des armes à feu que la plupart d'entre eux et je chassais tout aussi bien. Dans ce sens, j'ai développé une sorte d'amitié avec les hommes que la plupart des femmes n'ont pas. Ces relations m'ont donné les idées dont j'avais besoin pour manifester le type d'homme que je voulais.

Lorsque j'ai divorcé, je me suis assise et j'ai réfléchi sur ma situation. J'ai réfléchi sur le genre de personne que j'étais et sur la catégorie d'hommes que je voulais attirer. Je voulais être avec quelqu'un qui allait partager sa vie avec moi. Je voulais une personne qui aime le plein air, physiquement forte, mais aussi romantique, dévouée, monogame et poétique, et j'ai eu tout ce que je voulais dans la personne de Guy.

Je savais que je ne pourrais pas être avec quelqu'un qui aime le plein air si j'étais tellement mauvaise à l'extérieur que je ne lui serais qu'inutile. Donc j'ai appris à faire des activités à l'extérieur pour me préparer au genre de personne que je voulais attirer.

Je savais aussi que je ne voulais pas être dans le besoin. L'énergie du besoin est ce qui repousse les gens. Je voulais être assez attirante pour la personne que je voulais attirer me recherche. Je ne voulais pas être celle qui allait chasser. Cela a été ma meilleure décision, parce que le rituel de courtoisie de la chasse est une chose naturelle entre l'homme et la femme, et c'est « l'homme chasse la femme. » Si la femme part à la chasse de l'homme, l'homme est dans la confusion et fuit. Pour que cela fonctionne, il faut que ce soit juste assez intrigant pour qu'il veuille bien s'intéresser à la femme. Faire cela m'a aidé à créer quelque chose de remarquable.

Lorsque j'ai commencé à animer des séminaires, je voyais des femmes dans leur petit monde qui disaient ce qu'elles recherchaient chez un homme, alors qu'elles ne faisaient jamais aucun effort pour le trouver. Si elles faisaient un effort, c'était pour aller dans un bar. Bien sûr, cela ne veut pas dire qu'il n'y a pas de personnes bien dans les bars, mais il y a aussi beaucoup de ce que j'appelle la « nourriture de fond ». Si tu veux aller pêcher le sexe opposé, un bar est un mauvais appât et attire généralement le mauvais type de poisson !

De l'autre côté du spectre des endroits de rencontres, les femmes doivent savoir qu'il y a des hommes qui diraient n'importe quoi pour coucher. J'ai eu un client qui m'a dit que s'il voulait avoir des relations sexuelles, il allait à une danse d'église. Il a dit : « Je leur promets que j'aime Dieu, et parfois je leur promets de les épouser, et j'arrive en général à avoir une femme cette nuit-là. » D'autres clients m'ont dit qu'ils allaient au centre commercial pour choisir des femmes seules, parce qu'il n'y a aucun engagement là-bas.

Les filles, ne sortez avec personne, sauf si vous avez prévu de vous marier avec l'intéressé, ou du moins que vous pensez vouloir avoir une relation avec lui ! Si vous le regardez mais que vous ne voulez pas être avec lui, ne sortez pas avec lui ! N'acceptez pas de rendez-vous par charité.

La raison pour laquelle je précise cela est que certaines femmes ont tendance à s'empêtrer dans des relations amoureuses pour de mauvaises raisons. Cela ne fera que ralentir le processus pour trouver ton âme sœur.

Ne te donne pas trop facilement et n'aie pas de relations sexuelles avec tout le monde ! Les hommes aiment les femmes qui couchent facilement, mais ils ne leur présentent pas leur mère. Si tu veux un homme qui t'aime et te respecte, ne te donne pas immédiatement. Les hommes respectent les femmes qui rendent la chose difficile. Comprends que les hormones dirigent tellement les hommes qu'on dirait qu'ils ne veulent qu'une chose. C'est de ta responsabilité de leur dire *non* d'une façon sympa. Être trop facile ne fera qu'entacher ta réputation, et ta réputation est très importante.

Si tu es sexuellement attirée par quelqu'un, cela peut être dû à l'échange de phéromones. Ce sont des sécrétions chimiques qui provoquent une réaction sociale chez les membres de la même espèce. Il y a plusieurs types de phéromones, qui produisent une large gamme d'actions et de réactions. Ici, nous allons les considérer comme des messages qui sont envoyés entre deux personnes à travers la chimie du corps.

Cela ne signifie pas que toute l'attraction est basée sur les odeurs émises par le corps. Les femmes et les hommes sont physiologiquement et psychologiquement programmés pour rejeter les odeurs séduisantes d'une autre personne, pour diverses raisons. Chez les humains, la chimie va bien au-delà de l'attraction animale entre les hommes et les femmes.

Mesdames, il y a des choses qui indiquent qu'il y a de l'alchimie entre deux personnes. Mais ne vous emballez pas. Ce n'est pas parce que quelqu'un vous invite à sortir avec lui qu'il veut vous présenter sa mère et vous épouser.

Par exemple, imaginons qu'une personne vous invite à sortir. Vous vous rencontrez et vous êtes attirés l'un par l'autre, mais après le rendez-vous, il ne vous rappelle pas pour fixer un autre rendez-vous. En général, cela signifie qu'il n'est pas intéressé par vous. *N'essaiez pas* de le rappeler. Contrôlez-vous et continuez votre vie comme si vous n'étiez pas concernée. Rappeler une personne tous les jours, c'est du désespoir ou du harcèlement, au choix. Quand il y a une véritable alchimie, les choses se passent naturellement, et il se sentira obligé de vous rappeler et de vous proposer un autre rendez-vous.

ENVOYER LES BONS SIGNAUX

Ton âme sœur te trouvera si tu envoies le bon signal à l'univers :

- Brosse-toi les dents et aie une bonne hygiène personnelle.

- Porte des vêtements modérés qui évoquent ta silhouette, mais qui ne soient pas trop révélateurs.

- Porte une pierre de lune. Elle peut aider à t'apporter ton âme sœur, encourager les rêves lucides, améliorer tes capacités psychiques et calmer tes émotions.

- Choisis un parfum et porte-le à chaque fois que tu sors. Ainsi, le parfum s'ancrera dans l'esprit de l'autre, et puis, lorsque le rendez-vous sera fini et qu'il sentira à nouveau ce parfum, il pensera à toi. Si plus de femmes mettaient du parfum et avaient une bonne hygiène, elles auraient plus de chance qu'on leur propose des sorties.

- Évite de trop parler de tes autres relations. Concentre-toi plutôt sur le fait d'apprendre à connaître l'autre personne. Laisse-la parler librement d'elle sans faire d'interrogatoire, parce que c'est humiliant.

- C'est une mauvaise idée de lui dire que tu penses qu'elle est ton âme sœur et que tu veux l'épouser.

- Découvre ce qui l'intéresse. Découvre ce qu'il aime et sois un peu flexible. Si tu constates que vous appréciez les mêmes choses, tu auras plus de chances d'avoir une relation de partage.

Un homme s'intéresse par exemple à une femme qui souhaite partager des activités « viriles », et vice versa. C'est une chose à mettre en avant pour te rendre plus attrayante pour le sexe opposé. De nombreuses personnes attendent leur âme sœur pour tomber complètement amoureuses et l'attendent fermement, mais en réalité, il est utile de s'intéresser à ce que l'autre personne aime. Les relations ne tournent pas juste autour de toi.

- Mets-toi dans un endroit où tu pourras être remarquée par le type de personnes que tu veux attirer. Si tout ton monde est centré sur des activités entre filles, ce sera difficile d'attirer un homme. Les événements communautaires sont de bons endroits pour rencontrer des gens. Si ton milieu professionnel n'est pas propice aux rencontres, fais quelque chose en dehors des heures de travail ! Cependant, tu ne dois pas aller à la « chasse » d'une personne, tu dois « attirer » quelqu'un vers toi. Si tu choisis de sortir en ville, rappelle-toi : l'alcool crée une faiblesse morale. Évite de boire trop d'alcool, pour toujours pouvoir prendre de bonnes décisions.

- Il est important de développer ton estime de toi. Tu dois avoir la foi et savoir que ton âme sœur arrive, mais en même temps tu dois savoir que tu es bien sans lui.

- Beaucoup de femmes pensent que les hommes beaux sont superficiels. C'est un mensonge et, généralement, c'est seulement dans l'esprit de la femme.

- Il est difficile pour les hommes de demander à une femme de sortir avec lui. Certains hommes se sentent très facilement blessés s'ils sont rejetés. Cependant, tu dois permettre à un homme de te faire la cour. S'il est vraiment intéressé, il le fera.

- Si tu es dans une relation naissante, fais de ton mieux pour ne rien dire de mal de la mère de l'intéressé. Même s'il dit quelque chose de mal sur sa mère, n'entre pas dans ce jeu.

- Évite de fréquenter des hommes mariés. Tout le monde mérite d'être le numéro un dans la vie de son partenaire.

- N'essaie pas de trop changer un homme. Les femmes essaient souvent de faire des hommes ce qu'elles veulent qu'ils soient, plutôt que d'accepter ce qu'ils sont. Il y a toujours une possibilité d'évolution, mais le changement peut être irréaliste chez certaines personnes.

LA DÉFINITION DU CRÉATEUR

Dans la société moderne, beaucoup de femmes pensent être « aussi fortes que les hommes. » À ce genre de réflexion, je réponds plusieurs choses. Si une femme peut faire le même travail qu'un homme et le faire aussi bien, elle devrait être rémunérée de la même façon et avoir les mêmes possibilités d'avancement. Mais en ce qui concerne les âmes sœurs, ce n'est pas la question. Quelque part dans la révolution sexuelle, nous avons oublié que nous sommes des femmes. Nous avons oublié le pouvoir d'être une femme. L'énergie de la déesse est dans chaque femme et je pense qu'il est temps de célébrer ce que nous sommes et les pouvoirs que nous avons – la compassion, la gentillesse et la capacité d'élever un enfant et d'être une mère. Il y a aussi la capacité d'aimer et de prendre soin de nos conjoints comme personne d'autre ne peut le faire – avec une touche féminine. Chaque femme devrait connaître la définition du Créateur de la femme, et devrait en être une, non seulement sur son lieu de travail, mais aussi à la maison.

C'est pareil avec un homme. Dans ce monde en mutation où les gens tentent de définir ce qu'un homme devrait et ne devrait pas être, peut-être devrions-nous connaître la définition du Créateur de ce qu'est un homme. Selon la définition du Créateur, un homme est fort, protège ceux qu'il aime, est attentionné et déterminé.

Dans chaque relation, les partenaires assument des rôles masculins et féminins. Les hommes et les femmes sont des co-partenaires dans une relation d'âme sœur. Cela signifie qu'ils travaillent ensemble, utilisant les compétences que Dieu leur a données et cultivant celles qui ont besoin d'être éveillées.

Chapitre 9

CONSEILS POUR LES HOMMES

Les hommes, posez-vous la question : voulez-vous une femme qui porte des talons hauts et de beaux vêtements ? Voulez-vous une femme qui vous aille bien au bras ou une femme qui puisse tout partager avec vous ? Voulez-vous trouver quelqu'un qui partage vos activités de plein air ? Si oui, le golf et le racquetball sont de bons compromis.

Si vous voulez rencontrer des femmes sympa, allez à un séminaire métaphysique ! À l'Institut ThetaHealing, nous avons dû planter des arbres pour éviter que les hommes qui passaient par là ne ralentissent pour regarder avec insistance les femmes qui étaient assises sur la pelouse et faisaient du travail de croyance. Plusieurs hommes de la région s'arrêtaient au milieu de la route pour regarder les Italiennes qui étaient à l'institut. Vous n'imaginez pas combien d'hommes participent à nos cours pour rencontrer des femmes ! Ce qui est ironique, c'est que les femmes qui viennent à l'institut vont jouer au golf, parce que c'est là qu'elles pensent que les hommes sont !

Mais messieurs, si vous ne cherchez que du sexe, fermez ce livre. Le sujet de ce livre n'est pas la rencontre « sportive » et il ne vous aidera pas pour ça. Il s'agit de grandir sur le plan émotionnel pour que vous puissiez avoir une relation décente et durable. Sachez qui vous êtes, ce que vous voulez, et travaillez sur ce que vous pouvez améliorer. Le sexe viendra si vous êtes patients.

Pour avoir une relation avec une femme, il est important de développer une connaissance suffisante des femmes – ou au moins une compréhension de base de la psyché féminine. Cela vous aidera à comprendre les besoins des femmes.

Dans les temps modernes, les femmes sont devenues de plus en plus autonomes dans tous les aspects de la société. Tout le contrôle qui leur était autrefois imposé est en train de s'estomper, du moins dans les pays développés. Pour cette raison, elles ont maintenant des attentes différentes envers les hommes. Auparavant, elles voulaient qu'un homme les soutienne, mais ce n'est plus le cas aujourd'hui. Maintenant, elles s'attendent à ce que les hommes soient plus sensibles, tout en restant des hommes. Certains hommes pensent que c'est un objectif irréaliste. En général, les hommes doivent trouver un compromis entre la sensibilité qui répond aux besoins d'une femme et sa propre masculinité.

Certaines femmes sont cependant plus traditionnelles. Elles veulent qu'un homme soit beau, fort et sûr de lui et de ses finances. Si c'est le genre de femme que vous voulez, alors vous devrez être en mesure de remplir matériellement ce rôle pour l'attirer.

Mais certaines femmes sont prêtes à construire quelque chose avec un homme, pourvu qu'elles soient la plus importante dans sa vie.

Cet aspect d'une relation est la clé de toute femme. Si une femme pense qu'elle est la chose la plus importante dans votre vie, alors votre relation sera beaucoup plus harmonieuse. Cependant, si vous faites en sorte que vos amis masculins sont plus importants, il pourra y avoir des problèmes entre vous deux. C'est également vrai si votre mère est perçue comme étant plus importante que la femme de votre vie.

ENVOYER LES BONS SIGNAUX

Ton âme sœur te trouvera si tu envoies les bons signaux à l'univers. J'ai déjà fait une lecture pour un homme qui avait vécu seul toute sa vie. J'ai vu qu'il allait rencontrer son âme sœur et je le lui ai dit. Il était sceptique et me disait qu'il avait vécu seul pendant trop longtemps, qu'il ne pensait pas que les choses puissent changer et qu'il était trop vieux pour tomber amoureux. C'est le mauvais type de message à envoyer à l'univers.

Un jour, cet homme a promené son chien. Le chien l'a conduit vers un autre chien qui était sur le même chemin. À l'autre bout de la laisse, il y avait l'amour de sa vie. Elle n'avait jamais été amoureuse et jamais mariée non plus. Ils sont tombés amoureux et étaient comme des gamins de vingt ans.

Donc, soyez préparés et envoyez les bons signaux :

- Une bonne hygiène personnelle est très importante et vous devez vous habiller de la meilleure des façons possibles. Déodorant, ongles et dents propres sont une riche idée.

- Soyez confiants, mais pas trop autoritaires.

- Beaucoup d'hommes croient que les femmes belles sont superficielles. C'est un mensonge et ce n'est généralement que dans l'esprit de l'homme.

- Il est important que vous soyez persévérants dans vos efforts pour intéresser une femme sans la harceler ou agir désespérément.

- Apprenez à être romantique. Les femmes aiment les romans d'amour. Continuez à avancer une fois que vous êtes ensemble. Les hommes sont généralement capables d'être romantiques jusqu'à ce qu'ils aient « capturé » la femme, puis ils ne font plus d'efforts.

- Faites un voyage ensemble avant de vous engager. C'est l'un des meilleurs moyens de savoir si vous êtes compatibles. Vous avez besoin d'une femme qui n'est pas seulement une amie et une amante, mais aussi de quelqu'un que vous supportez.

- La gentillesse est très importante pour une femme. En même temps, si vous êtes un vrai poussin, les femmes profiteront de vous et ne vous respecteront pas.

- Il est vrai que beaucoup de femmes donnent la priorité absolue à l'argent, mais il y en a qui privilégient la spiritualité. Deuxièmement sur la liste, l'homme doit être beau. Troisièmement, du moins pour la plupart des femmes, c'est le sexe. C'est pourquoi il est important d'apprendre à être un bon partenaire sexuel. Vous devez savoir comment satisfaire une femme.

ENCORE UN MOT...

Messieurs, vous devez comprendre que la plupart des femmes aiment parler. Elles aiment parler de leurs anciennes relations afin qu'elles puissent travailler sur les anciens problèmes qu'elles pourraient avoir. Elles aiment aussi partager des détails intimes sur leur vie parce qu'elles veulent sentir qu'elles peuvent avoir confiance en vous.

Lorsque les hommes commencent à partager leurs sentiments intimes, il est possible qu'ils prennent peur. Les hommes peuvent craindre d'en révéler trop sur eux-mêmes.

Dès que l'un ou l'autre commence à avoir l'impression de s'être trop dévoilé, la personne la plus vulnérable pourrait avoir envie de s'enfuir. C'est pourquoi vous devez libérer vos craintes concernant les relations intimes, sinon tout ce que vous allez attirer sera d'autres personnes qui ont également peur des relations.

Chapitre 10

L'ÂME SŒUR ET LE SEXE

Afin d'attirer un homme ou une femme, tu dois d'abord savoir comment cela se fait en pratique. Une grande partie est liée au sexe, et ne laisse personne te dire le contraire. Le sexe est une facette très puissante dans le monde des interactions entre les hommes et les femmes.

Je ne parle pas de l'acte sexuel lui-même, mais de l'énergie qui est créée quand il y a une attraction par une autre personne. Lorsque cela se produit, le corps commence à émettre des phéromones et des hormones qui se déplacent à travers le corps. Ces messagers chimiques envoient des informations à l'intérieur et à l'extérieur du corps de l'autre personne.

HORMONES

Ce sont nos hormones qui nous donnent l'impulsion pour le sexe. Si vous n'avez pas assez de dopamine, de sérotonine, d'œstrogènes ou de testostérone dans votre organisme, vous n'aurez pas de libido ou de plaisir sexuel. Et il y a beaucoup d'autres avantages à ces hormones : les hormones du désir sexuel nous aident aussi à apprécier la musique. Ils renforcent aussi notre spiritualité, quand nous prions Dieu. Donc, si le désir sexuel n'est pas là, beaucoup d'autres désirs sont susceptibles de manquer aussi.

La testostérone et les œstrogènes correspondent aux deux parties de notre espèce. Dans le passé, les hommes étaient toujours les pourvoyeurs et les femmes s'occupaient des enfants. Une grande partie de cette pulsion instinctive provient de ces hormones. Ceci a des avantages évidents et nous n'aurions probablement pas survécu en tant qu'espèce sans cette parité. Comme on le constate, l'union des âmes a des aspects pratiques et romantiques.

Nous pouvons voir les hormones matériellement, comme des substances dans notre corps, mais nous pouvons aussi les percevoir comme des dons de Dieu. Ces substances merveilleuses ne nous lient pas seulement pour la survie de l'espèce, mais agissent aussi comme énergie spirituelle sur ce plan d'existence.

Un autre mécanisme de survie est la libération des phéromones. Je pense que notre corps physique libère des phéromones quand nous sommes attirés par une personne qui est « compatible », du moins à certains égards. Nous libérons ces « senteurs » de phéromones tout le temps sur le plan physique, et je pense que l'âme fait la même chose avec les vibrations quand on cherche une âme sœur.

Les gens sont attirés les uns vers les autres par l'énergie, et cette énergie est exprimée de plusieurs façons. Par exemple, ils sont attirés les uns vers les autres par leur apparence et leur comportement.

Ils sont attirés par des phéromones compatibles, et aussi parce qu'ils peuvent sentir que leurs propres hormones agissent correctement sur l'autre personne. Si nous émettons des odeurs confuses les uns aux autres, il nous sera difficile de dire si une personne est attirée par nous. Un bon équilibre hormonal dans le corps nous permettra d'agir d'une certaine façon envers les autres. Avec cet équilibre, nous pourrons donner les bons signaux au sexe opposé.

Système complet d'autoguérison de Stephen Chang est un excellent livre pour équilibrer les hormones par des exercices taoïstes. Ce livre propose de nombreux exercices internes, dont l'un est l'exercice du cerf. Ceci aide à équilibrer les hormones chez les femmes et les hommes, avec ou sans rapport sexuel. L'auteur affirme qu'il peut augmenter ou diminuer la taille des seins, selon ce que vous souhaitez. Il donne également aux hommes plus de résistance et peut aider à se débarrasser des grumeaux et des kystes. Il aide la femme à répondre au sexe, permet de masser les organes internes et de lui donner plus d'énergie.

En raison de notre alimentation, nous n'avons souvent pas les vitamines et les minéraux nécessaires pour créer un approvisionnement continu d'hormones qui maintiendrait nos niveaux de testostérone et d'œstrogènes à l'équilibre. Dans certains cas, les gens n'ont pas assez de lipides pour produire des hormones. Il existe cependant des substituts hormonaux naturels disponibles.

Un faible taux de testostérone et d'œstrogènes est devenu un problème répandu dans les régions industrielles du monde, pour diverses raisons. L'alimentation, la régulation des naissances, la consommation de caféine, l'abus de drogues et d'alcool, les médicaments pharmaceutiques, les blessures et les empoisonnements aux métaux lourds ne sont que quelques-unes des causes des déséquilibres hormonaux et de l'infertilité. Ce n'est que récemment que la testostérone sur ordonnance, sans injection, a été mise à la disposition des hommes et des femmes présentant de faibles taux hormonaux.

Les hommes présentant un faible taux de testostérone auront une perte d'énergie et de mauvais os, deviendront flasques et éprouveront un dysfonctionnement érectile. Si la cause est l'hypertension artérielle ou les maladies cardiaques, alors un faible taux de testostérone est un effet domino de ces troubles. Mais si le faible taux de testostérone a été causé par une blessure, alors la perte de testostérone biodisponible adéquate peut causer de l'hypertension artérielle et des maladies cardiaques. Cela nous montre à quel point toutes les fonctions du corps sont interdépendantes.

Sans œstrogènes, on ne peut pas vivre. Les œstrogènes sont un composant clé qui rencontre la sérotonine dans le cerveau et est bénéfique à la mémoire.

Chez les hommes comme chez les femmes, les hormones sont le meilleur moyen de savoir s'il y a trop de stress dans votre vie. Par exemple, les rides de la peau peuvent être retardées en maintenant des niveaux hormonaux adéquats. Si vous avez des déséquilibres hormonaux, le stress émotionnel peut en être la cause. C'est là que le travail sur les croyances peut sauver la journée !

Le sélénium et le zinc sont d'autres éléments utiles. Le zinc est nécessaire à la testostérone. Il faut aussi du zinc pour aider la vitamine C à agir dans l'organisme. La lécithine est bénéfique aux fonctions sexuelles. Si vous avez eu une bronchite très grave, il y a de bonnes chances que votre corps ne se soit jamais rétabli ; cela peut aussi causer des troubles hormonaux. De nombreuses personnes développent de l'asthme à cause d'une bronchite, et le zinc peut les aider à se rétablir complètement. Un autre complément qui peut aider est la bentonite.

Potion magique suggérée pour l'impotence

Si la personne n'a pas d'appétit sexuel et que la cause n'est pas émotionnelle ou psychologique, il peut y avoir une pénurie de vitamines. Pour augmenter la libido :

- Le ginseng peut aussi être utilisé. Prenez-en pendant deux semaines et arrêtez pendant deux semaines.

- Utilisez le Damiana pour tomber enceinte.

- La lécithine et le zinc aident à ouvrir les capillaires et à produire de la testostérone.

ADN ET SEXE

Je crois que tout le monde a des souvenirs ancestraux de l'ADN qui peuvent avoir un effet sur sa vie. Même si tu penses que le sexe est une chose merveilleuse, tes ancêtres ont peut-être pensé que c'était terriblement mal et que c'était seulement destiné à la procréation. Cela peut influencer ce que tu ressens sexuellement à l'égard d'une personne, à cause du système double de croyance. C'est pourquoi il est important d'explorer la possibilité de l'existence de systèmes de croyances opposés, qui peuvent causer des frictions dans ta vie sexuelle. Tu dois peut-être faire des recherches génétiques sur ces questions. D'un point de vue génétique, nous avons peut-être hérité de toutes sortes de croyances liées à des stigmates religieux et sociaux relatifs au sexe. Certains de ces vieux concepts ont pu être viables dans le passé, mais n'ont plus leur place dans le présent.

Alors, demande-toi ce que tu penses vraiment des relations sur le plan génétique ? Comment te sens-tu par rapport à toi-même ? Que penses-tu de ta naissance ? Comment te sens-tu par rapport à ta sexualité ? Qu'est-ce qui est sexy ? Penses-tu que le sexe est mal ?

Puisque le désir sexuel est une force si puissante, les traditions spirituelles y ont répondu de diverses manières tout au long de l'histoire, en particulier la religion organisée, qui est basée sur la création d'un mode de vie pour les masses à suivre. De toute évidence, une force aussi puissante que le sexe peut être et a été perçue comme quelque chose qu'il faut contrôler. La monogamie et le célibat ont ainsi été largement encouragés. Dans le cas de la monogamie, on peut dire qu'elle a été développée pour maintenir la paix, car les désirs insouciants peuvent créer des conflits interminables entre les peuples. Le célibat a été conçu dans un effort pour libérer l'attachement aux énergies physiques et émotionnelles par la dévotion.

Il semble que l'attachement au sexe soit perçu négativement par certaines personnes. S'agissant des actes de certains individus malavisés, cela est peut-être justifié, mais l'ensemble de la communauté ne devrait pas être tenu pour responsable des actes de quelques-uns. Cela a mené à un malheureux jeu de blâmes, car les hommes se rapportent aux femmes. Certains hommes semblent blâmer les femmes pour leurs désirs physiques, désirs qui ne devraient peut-être pas être vus comme étant de base ou charnels, mais comme un don spirituel de Dieu, comme tout ce qui est spécial dans la vie. Si les rapports sexuels étaient perçus comme étant spéciaux, il se peut que même les jeunes n'aient pas une attitude aussi négligente à leur égard.

Tout aussi important, il y a peu ou pas d'enseignement de nos enfants sur les relations avec le sexe opposé, sur ce qu'il faut rechercher chez les gens, et sur ce qu'il faut rechercher quand nous souhaitons trouver l'âme sœur.

La sexualité doit être considérée comme une autre caractéristique de la vie spirituelle qui nous enseigne que tous les aspects de la création, y compris cette incarnation dans notre corps physique, doivent être considérés comme sacrés, en particulier lorsque l'unité des âmes sœurs devient le véritable amour. Dans le véritable amour, l'union sexuelle devient plus qu'un acte animal et se transcende en quelque chose de spirituel, en quelque chose qui dépasse le simple matérialisme. Il devient une fusion alchimique de tous les aspects du corps, de la pensée et de l'esprit.

Afin de créer cette fusion ,cette alchimie il est important de travailler sur toutes les croyances négatives que nous pouvons avoir par rapport au sexe.

LE CHAKRA SEXUEL

Lorsque tu rencontres des gens spirituels qui disent qu'ils ne sont pas intéressés par le sexe ou une relation, il est probable qu'ils aient commencé à fermer leur chakra sexuel, qui est l'énergie qui attire naturellement les gens à eux en premier lieu. Avoir ton chakra sexuel ouvert est comme avoir une balise d'énergie qui envoie des signaux aux personnes sexuellement compatibles. Si ta zone de chakra sexuel est ouverte et que tu la gardes ouverte, tu vas aussi avoir de l'argent, parce qu'elle ouvre ton chakra de base pour attirer l'abondance.

Ton chakra sexuel a beaucoup à voir avec qui et ce que tu es – ce que tu ressens et ce que tu respectes. Du moment de ta conception jusqu'au moment où tu nais, à travers toute ta vie et tes relations avec les autres, l'énergie de l'abus sera conservée dans la zone du chakra sexuel. Cependant, les bons souvenirs sont aussi stockés dans le chakra sexuel.

Je pense que les gens ferment leur chakra sexuel parce qu'ils ont été déçus par ceux qu'ils respectaient quand ils étaient enfants. Les enfants ont tendance à choisir un ou deux adultes comme « héros ». Lorsque l'enfant se sent déçu par son « héros », cela crée de la méfiance et cela se manifeste dans ses relations plus tard dans la vie.

Si ton chakra sexuel est ouvert, tu vas libérer les sentiments d'abus et attirer de l'abondance. C'est pourquoi il est important de le garder ouvert et de vérifier périodiquement s'il est fermé. Faire la méditation de *ThetaHealing* (page 8) équilibrera et ouvrira tes chakras. (Voir aussi *ThetaHealing avancé*.)

Certains des problèmes que l'on garde dans cette zone concernent la façon dont on se sent par rapport au sexe – si c'est mauvais, si c'est bon, si c'est un péché ou non. Cela a aussi à voir avec la façon dont tu communiques avec toi-même et les autres, et avec la nutrition. Si ce sujet te met mal à l'aise, il est probable que tu aies des programmes qui sont liés à ces problèmes.

Ce qui peut arriver aux personnes qui sont sensibles dans leur relation (et par manque d'amour) est qu'elles ont tendance à ouvrir et fermer leurs centres psychiques, ce qui peut causer des problèmes physiques. L'astuce est de garder ces zones ouvertes tout le temps.

Lorsque les couples se marient et ont des enfants, un certain pourcentage d'hommes commence à considérer leur femme comme une mère plutôt que comme un partenaire sexuel. De même, les femmes ferment leur chakra sexuel lorsqu'elles ne veulent pas être avec leur partenaire ou lorsqu'elles sentent que leur partenaire ne veut pas être avec elles. Ou, à l'inverse, quand elles ne veulent pas tromper leur partenaire.

Cela cause beaucoup de problèmes physiques. Les surrénales produisent la testostérone, et quand le chakra sexuel est fermé, je pense que les surrénales peuvent souffrir. Une autre chose qui peut arriver quand un couple ferme ses chakras sexuels est qu'ils prennent du poids et développent des problèmes intestinaux. Leurs taux d'œstrogènes et de testostérone sont plus bas et ils n'ont pas d'énergie. Ces hormones nous donnent de l'énergie dans notre vie quotidienne et ont d'autres fonctions importantes, mis à part le sexe.

Il peut même y avoir des problèmes financiers. Il est possible de créer de l'abondance à partir du chakra de la couronne, mais cette énergie est retirée du chakra de base. Si le chakra de base est bloqué, il est peu probable que l'abondance vienne comme il se doit. Souviens-toi, l'abondance n'est pas seulement une question d'argent. L'abondance englobe de nombreux aspects de la vie, y compris les relations et la famille.

Une relation sans sexe est comme un lieu solitaire. Cependant, si l'union est seulement basée sur le sexe, alors on observera de la solitude d'une manière différente. C'est ce qui arrive à certaines personnes – elles se marient jeunes et se retrouvent dans une relation avec une personne qui est devenue l'opposé d'elles. Ils se sont perdus de vue quelque part le long du chemin.

Ce sont des aspects très importants de toute relation. Chaque fois que tu partages de l'ADN avec une autre personne, tu aides à créer un lien entre vous. Si l'énergie sexuelle est perdue, alors un aspect clé de la relation sera également perdu.

Les gens peuvent reconnaître quand quelqu'un a un chakra sexuel ouvert et des niveaux d'hormones sains en entrant dans la pièce. C'est pourquoi une femme peut se mettre en colère quand une femme sexy passe devant son homme ! La femme sait instinctivement que son territoire est envahi. Cela se produit en quelques secondes, et tout cela est instinctif. La femme passe, et l'homme sait instantanément qu'elle est sensuelle.

PROCRÉATION

Les humains ont été conçus pour créer deux familles dans leur vie. Tu vois ça avec certaines femmes. Quand elles sont jeunes, elles ont une série d'enfants, et, quand elles sont plus âgées, elles ont une autre série d'enfants. Les femmes atteignent leur apogée sexuel à 35 ans, et c'est à ce moment-là que certains fondent une deuxième famille.

Femmes plus âgées

De 35 ans à 45 ou 50 ans, une femme est soudainement dans un autre monde. La nature l'a réveillée avec un nouvel élan, en lui chuchotant « il est temps de concevoir à nouveau », parce que son corps sait qu'elle ne pourra bientôt plus avoir d'enfants. C'est aussi la raison pour laquelle les femmes de 35 à 50 ans et les hommes de 18 à 25 ans font de bons partenaires sexuels – ils sont tous les deux à leur apogée. Mais ça ne veut pas dire qu'ils font de bons parents... ou qu'ils forment une bonne famille.

Hommes plus jeunes

Beaucoup de femmes pensent que la seule chose à laquelle les hommes pensent, c'est le sexe. Ce n'est pas vrai, parce que parfois ils pensent à autre chose. Mais un jeune homme a d'énormes quantités de testostérone, et cela lui fait penser au sexe presque tout le temps, y compris quand il est à l'école. S'il était dans un environnement plus primitif, il s'accouplerait. Le désir sexuel chez les hommes est incroyablement fort, mais s'il n'existait pas, en toute honnêteté, ils ne voudraient pas être avec des femmes, donc l'espèce ne subsisterait pas.

Les jeunes hommes ont un incroyable désir de se reproduire et commencent à se poser des questions sur leur sexualité dès qu'ils le peuvent. Ils ne voient pas les conséquences de leurs actes et doivent apprendre que le sexe est une chose sacrée et incroyablement belle entre les gens, et qu'il ne faut pas le prendre à la légère. Il faut leur dire que dès que nous partageons notre corps avec quelqu'un, nous partageons de l'ADN avec lui.

Il y a peu ou pas de formations destinées aux adolescents sur les relations avec le sexe opposé. Premièrement, la nature n'active pas complètement le lobe frontal des hommes jusqu'à ce qu'ils soient dans la vingtaine. Je pense que l'une des raisons est qu'ils ont le désir de se reproduire sans y penser. C'est un des trucs de la nature pour s'assurer que nous aurons des enfants et qu'il y aura propagation de l'espèce. Donc, les jeunes hommes ont des rapports sexuels et font des bébés sans y penser. C'est une façon naturelle de s'assurer que les gens se reproduisent.

Hommes plus âgés

La nature a un autre tour dans sa manche plus tard dans la vie des hommes. Vers 45 ou 50 ans, les hommes commencent à se sentir un peu anxieux. Tout à coup, l'homme pense : « Ai-je tout ce que je voulais dans ma vie ? Ai-je fait tout ce que j'avais à faire ? »

Soudain, il a envie d'être à nouveau jeune. C'est juste hormonal, et chez beaucoup d'hommes, c'est facile à surmonter.

Il est un fait, cependant, que les hommes qui sont avec des femmes plus jeunes ont toujours l'air plus jeunes. Les femmes âgées avec des hommes plus jeunes ont toujours l'air plus jeunes.

C'est un truc de la nature pour s'assurer qu'ils font de leur mieux en matière de reproduction.

TOMBER À NOUVEAU AMOUREUX

Il est possible de tomber amoureux de beaucoup de personnes différentes en l'espace d'une vie. Certains d'entre nous tombent amoureux de leur institutrice de deuxième année d'école. Certaines personnes tombent amoureuses pour la première fois lorsqu'elles ont 16 ou 17 ans et qu'elles ont une idée de ce que la vie signifie pour elles. Quand on a 20 ans, on pense tout savoir, mais on est tellement plein d'hormones qu'il est difficile de réfléchir sérieusement. Quand tu as 30 ans, tu es sûr de pouvoir faire marcher des choses dans ta vie, et tu as toujours la capacité de tomber amoureux. Quand tu as 40 ans, tu essaies juste d'être prêt pour 50 ans, mais il y a encore de l'espoir que l'amour puisse être trouvé. Qu'est-ce que 50 ans signifie pour toi ? 50 ans, c'est quand tu es sage et déterminé. Dans certaines cultures, les gens ne se marient pas avant l'âge de 50 ans. Leur amour est-il moindre ? Non, l'amour est toujours magique.

La science prétend que nous avons un gène pour tomber amoureux. On pense que le sentiment « amoureux » dure un an, c'est pourquoi, dans la deuxième année de mariage, les choses sont plus difficiles. Je pense que c'est vrai pour les gens qui tombent amoureux encore et encore de différentes personnes. Ils sont accros aux sentiments qui sont libérés quand ils rencontrent une nouvelle personne, et ils ont soudainement un nouveau jouet lumineux et brillant ! Dans une relation monogame, tu peux facilement tomber amoureux encore et encore avec ton mari ou ta femme de la même façon. Je ne peux pas te dire combien de fois je suis tombée amoureuse de Guy.

Je pense qu'à 40 ans, nous savons tous ce que nous voulons dans la vie. Nous arrivons à penser clairement, et tout à coup nous comprenons que nous ne sommes pas heureux et que nous avons besoin de changer quelque chose. Le défi est de discerner si ces pensées sont motivées par la reproduction, ou si ce sont des problèmes viables dans notre situation. Je pense qu'une « crise de la quarantaine » a beaucoup à voir avec le fait de faire un point sur ta vie, mais sans détruire le processus familial. Si vous savez comment partager vos sentiments, aucun de vous ne s'éloignera de l'autre. Si vous ne savez pas comment partager vos sentiments, vous risquez de vous égarer et de vous retrouver avec la mauvaise personne.

En vieillissant, ton goût pour le sexe opposé change, mais ton intérêt ne disparaît pas. Je me souviens que quand j'étais adolescente, je regardais les hommes de 50 ans dans les films en me disant : « *Ils sont si vieux !* » Maintenant, en tant qu'adulte, je regarde les mêmes films et je pense : « *Charlton Heston, quel bel homme !* » Pense à Gregory Peck quand il a un peu vieilli et qu'il a commencé à avoir des rides au coin des yeux. Maintenant que je suis plus vieille, je pense que ça le rendait encore plus sexy. Quand Sean Connery était plus jeune, je ne le trouvais pas attirant, mais en vieillissant, il est devenu sexy ! Même quand il avait 70 ans, sa voix et son énergie le rendaient attirant. George Clooney et Brad Pitt semblent aussi s'améliorer avec l'âge !

Je pense que le sexe est un choix personnel et je pense aussi qu'il y a des gens de 70 ans qui sont encore sexuellement actifs. Je pense que l'amour est beaucoup plus profond que le simple contact physique, et je visualise que j'aurai encore des relations sexuelles quand j'aurai 80 ans.

UN OU PLUSIEURS ?

Quand tu es une personne spirituelle et que tu as des relations sexuelles avec quelqu'un, tu commences à partager de *l'énergie spirituelle* avec l'autre. Cela relie tes énergies d'une manière difficile à définir, mais une fois que tu l'as expérimenté, tu sais que c'est un lien comme aucun autre. Nous savons tous que le corps est toujours animal d'une certaine façon. Nous avons des désirs de reproduction et de sexe. Si tu ne ressens pas de honte par rapport au sexe et que tu le respectes, sachant que c'est une énergie spirituelle, tu peux ressentir les choses différemment.

Ce n'est pas la même chose que de penser que tu puisses aimer plus d'une personne et avoir plusieurs relations en même temps. J'ai vu des gens du milieu de la métaphysique essayer de me dire que c'est la plus haute forme d'amour quand on peut aimer cinq ou six personnes différentes, en utilisant le prétexte : « Dieu aime tout le monde ».

Je pense que Dieu aime tout le monde et que tu peux probablement aimer cinq ou six personnes différentes. Pour certaines personnes, il est plus facile d'aimer beaucoup de gens que de laisser quelqu'un les aimer complètement. Mais cela ne fonctionne pas très bien en termes pratiques, car il est probable que ton esprit sera attiré vers l'un d'entre eux plus que les autres et, inévitablement, quelqu'un va devenir jaloux et provoquer des frictions. Je crois que l'espèce a plus de succès quand deux personnes s'aiment complètement. Je pense que c'est l'accomplissement spirituel ultime. Pour moi, le lien suprême est d'aimer et d'être aimé complètement par une personne, et seulement une personne.

Je connais la position des biologistes qui disent que les hommes ont un besoin direct de s'accoupler avec plus d'une femme, mais je pense que l'amour l'emporte sur ce besoin. Je sais aussi qu'il existe des cultures dans lesquelles un homme peut avoir plusieurs épouses, mais je pense que cet arrangement est difficile pour toutes les parties concernées.

Ce n'est pas à moi de juger, et je pense qu'une personne peut certainement aimer plus d'une personne, mais cela dépend *de la façon* dont elle les aime. Je crois que le fait de dire que tu aimes plus d'une personne est une sorte de renoncement, parce que de cette façon, tu n'es pas obligé de connaître complètement une personne, ni de t'engager spirituellement avec elle en tant que partenaire pour acquérir une vertu.

Dans bien des cas, les gens attirent de *nombreux* partenaires vers eux parce qu'ils sont tous des aspects différents de ce qu'ils recherchent chez *un partenaire*. Ils sont à la recherche d'un partenaire qui a tous ces aspects, une âme sœur.

Une citation intéressante, bien que peut-être simpliste, vient de Paul Newman. Dans une interview, il exprimait son amour pour sa femme, puis la discussion a porté sur le thème de la monogamie. Il a expliqué : « Pourquoi sortir manger des hamburgers quand je peux rentrer chez moi manger un steak ? »

Le gène de la monogamie

Après avoir travaillé avec des milliers de personnes, j'ai commencé à voir des schémas suggérant l'existence d'un gène de la monogamie, ainsi que d'un gène de la non-monogamie. Je pense qu'environ 70 % des femmes naissent avec le gène de la monogamie, et probablement 50 % des hommes.

La différence que j'ai observée entre les gens qui en sont dotés et ceux qui ne le sont pas est la suivante : si tu n'as pas le gène de la monogamie, que tu rencontres quelqu'un et que tu as des rapports sexuels avec lui (elle), tu ne te sentiras pas coupable quand tu rentreras chez toi avec ton (ta) partenaire. Mais si tu as le gène de la monogamie, tu auras l'impression d'être dans le pétrin à cause de ta culpabilité.

Si tu as été élevé pour être monogame et que tu n'as pas le gène de la monogamie, alors tu te sentiras peut-être un peu coupable, mais pas autant que si c'était inscrit dans ton ADN.

Avoir le gène de la monogamie ne signifie pas que tu seras plus fidèle ; la fidélité est un choix spirituel. Cela veut juste dire que tu te sentiras coupable quand tu ne seras pas fidèle.

Les personnes ne disposant pas du gène de la monogamie peuvent aussi être fidèles ; il suffit de travailler sur ce point.

Tromper

Quand j'ai commencé à faire des lectures, j'ai constaté que bon nombre de gens trichaient dans leurs relations. C'était pour moi un étrange nouveau domaine de comportement humain et je m'intéressais à leurs motivations. J'ai trouvé plusieurs motifs. Certains disaient qu'ils n'avaient pas reçu d'amour à la maison.

Pour d'autres, c'était une question d'estime de soi, alors que d'autres voulaient « voir s'ils pouvaient », à cause de l'ego. Parfois, ils prenaient l'habitude de continuer à le faire tout au long de leur vie.

De nos jours, certaines personnes ont très peur des relations à long terme. Parfois, elles commencent une liaison avec quelqu'un qui est marié pour ne pas avoir à s'engager. Cela peut être une décision extrêmement difficile pour elles.

Dans d'autres cas, des gens dans des relations à long terme trompent tout le temps. Ces gens jurent que ça les aide dans leur relation parce qu'ils se sentent jeunes.

Mais tous ceux que j'ai lus et qui trompent ont la croyance : « Je suis terrifié(e) de laisser quelqu'un m'aimer. »

Il y a des signes qui montrent qu'une personne qui essaie subtilement d'avoir une relation décontractée avec toi est quelqu'un qui trompe. Lorsque tu cherches l'âme sœur, tu dois être attentif à ceci.

Le principal signe est qu'ils vous diront à quel point ils sont malheureux dans leur relation. Si quelqu'un commence à te parler de son mariage misérable, il y a fort à parier qu'il envoie un signal pour voir si tu as de mauvaises valeurs morales. Parfois, ils seront francs et viendront tout simplement te demander.

Tu peux être attiré(e) par cette personne, mais sache que ce qu'une personne fait dans sa vie personnelle reflète sa vraie nature. Si quelqu'un trompe son conjoint, c'est qu'il triche dans les affaires et dans tout le reste de sa vie.

Cela dit, j'ai fait des milliers de lectures pour des bonnes personnes qui sont coincées dans des relations difficiles, et quiconque peut tromper s'il est dans un mauvais contexte. Pour ceux (celles) d'entre vous qui se trouvent dans ces circonstances, vous devez savoir que vous faites partie de Dieu et que vous méritez d'être aimé(e)s. Et vous ne devriez pas vous contenter d'être le numéro deux dans une relation. Je pense que personne ne devrait être le deuxième et que nous méritons tous d'être aimés complètement.

Un infidèle devient l'« amant » et n'a jamais à être responsable dans une relation. Il tombe amoureux encore et encore avec beaucoup de gens différents et cela devient une dépendance ; c'est comme fumer une marque de cigarettes et passer à une autre marque de temps à autre. Dans une relation d'âme sœur, tu dois être dévoué à ton partenaire en tant qu'amant(e), mari/femme, ami(e), protecteur(rice), etc. Ce genre d'engagement correspond à trop de responsabilités pour certaines personnes.

Exclusivité spirituelle

Il y a aussi des femmes qui ont ce que j'appelle « l'énergie de la déesse », ces femmes ont toujours quelqu'un dans leur lit jusqu'à ce qu'elles trouvent leur âme sœur véritable. Mesdames, c'est très difficile pour un homme de tomber amoureux de vous après que vous êtes sorties avec tant de personnes que vous ne vous rappelez plus combien il y en avait. Donc, si vous êtes promiscu(e)s et que vous attendez un véritable amour, vous devriez envisager de mettre fin à la promiscuité dans votre vie. Cela vous aidera à garder votre propre énergie d'âme pour vous-même, afin que vous puissiez trouver un amour complet.

Si tu aimes vraiment quelqu'un, tu feras tout ton possible pour éviter de le blesser. Donc, à moins que vous n'acceptiez tous les deux une relation ouverte, vous ne devriez pas vous engager dans ce genre de comportement, parce qu'il peut devenir addictif.

Tu te demandes peut-être si c'est réaliste pour certaines personnes. Sans doute que certaines personnes ne peuvent ou ne veulent pas faire ça. Eh bien, j'enseigne ces concepts pour les gens qui veulent grandir spirituellement. La promiscuité n'est pas une façon de vivre pour un guérisseur et cela enfreint l'une des lois de la guérison. Selon des traditions antiques, se concentrer sur un partenaire construit l'essence de l'âme, parce qu'une vertu est atteinte. Répartir votre énergie parmi de nombreuses personnes ne vous donne que des fragments d'âme et une partie de votre énergie est perdue pour les autres.

Si tu as été immoral(e), tu devrais retirer ton énergie de toutes ces personnes et arriver à réaliser que tu mérites un amour véritable et complet. Il est important de savoir que ton corps, ton esprit et ton âme sont particuliers. Il ne s'agit pas du nombre de personnes avec qui tu as été, mais d'une personne spéciale avec qui tu peux partager ta vie, sans toujours devoir rassembler tes fragments d'âme (*voir page 212*) et dépenser ton énergie sur ceux qui ne le méritent pas. Le vrai chemin de la vraie divinité est d'apprendre à être fidèle et de laisser une personne t'aimer complètement.

Si tu veux progresser spirituellement, il est important de faire ce pas pour permettre à quelqu'un de te connaître, pour le connaître et l'aimer en retour. Savoir que tu es le numéro un dans la vie de quelqu'un est très important pour une relation spirituelle. Tout le monde mérite d'avancer spirituellement de cette façon.

Le ThetaHealing n'est pas seulement une technique qui nous amène à une onde cérébrale Thêta pour « faire bouger les choses ». Il « fait bouger les choses » en changeant nos croyances pour nous rendre dignes et clairs dans nos pensées. Cela crée des pensées légères qui changent la planète et, à leur tour, l'univers. Les gens qui souhaitent utiliser les lois de l'univers, modifier le temps, déplacer la matière et faire des choses étonnantes comme les dieux et les déesses ont besoin d'un partenaire de vie divine. Une personne qui a plusieurs partenaires sexuels en même temps aura du mal à maintenir des formes de pensée vibratoires élevées, à bouger les choses avec son esprit et à faire des guérisons étonnantes. Avec de nombreux partenaires, ce scénario ne fonctionne tout simplement pas.

FAIRE L'AMOUR

S'agissant de l'amour, il n'y a pas de cours qui puisse t'apprendre à être avec quelqu'un et à être un bon amant. Ce qui est important, c'est que lorsque tu as des relations sexuelles avec quelqu'un, tu te concentres sur l'autre. Beaucoup de gens pensent qu'ils sont censés fantasmer quand ils font l'amour. Certains hommes fantasment pour durer plus longtemps pour leur femme. Mais si tu te concentres à nouveau sur le toucher, l'énergie, la gentillesse et l'amour que tu ressens pour ton partenaire, ta relation amoureuse s'améliorera. Se concentrer sur la personne avec qui on est fait toute la différence dans le monde. Des paroles de gentillesse peuvent aussi transformer une relation sexuelle en amour.

Parfois, bien sûr, il y a du sexe, et, parfois, on fait l'amour. Aucune de ces deux situations ne devrait causer de douleur ou d'inconfort.

Dis à ton partenaire ce que tu veux faire et ce que tu ne veux pas faire, ou tu pourrais ressentir de la rancune. Assure-toi que toi et ton partenaire avez les mêmes intérêts, mais surtout, si la spiritualité est ta quête, concentre-toi sur l'essence de l'âme de ton partenaire et sur la façon dont tu te sens.

Les femmes se plaignent que « les hommes ne veulent que du sexe ». Mais le sexe n'est-il pas de l'amour ? Pour la plupart des hommes, le sexe est une expression de l'amour, mais les femmes se plaignent que les hommes peuvent être superficiels lorsqu'il s'agit du sexe. En allant dans la chambre avec ton partenaire, tu ne devrais pas penser que c'est une corvée.

Si au début d'une relation, le sexe est mauvais ou maladroit, cela met l'énergie du couple à rude épreuve. Les premiers instants de contact sont très importants entre deux personnes qui se rencontrent en tant qu'âmes sœurs.

Ce n'est pas parce que tu mets quelqu'un dans ton lit qu'il va y rester. Mon père m'a dit une fois quelque chose que je ne voulais pas admettre. Il m'a dit que si on était doué au lit, on pouvait garder son (sa) partenaire à ses côtés.

Être bon au lit, ce n'est pas des mouvements ou de l'acrobatie. Cela a beaucoup à voir avec la compatibilité de vos corps. Une grande partie de cela se résume aux bases simples de la physiologie. Si la femme est trop lâche ou l'homme n'est pas assez grand, ou si l'homme est trop grand ou la femme trop petite, alors il y a des problèmes bien définis dès le début. Une femme ne devrait jamais être trop relâchée pour un homme. Elle devrait être capable de se renforcer pour un homme. Il y a des exercices qui maintiennent une femme assez ferme pour avoir de nombreux orgasmes.

Un partenaire masculin mature sait qu'il est censé faire plaisir à une femme. Cela signifie qu'il doit tenir assez longtemps pour que les deux personnes aient un orgasme. Beaucoup d'hommes ne se rendent pas compte qu'ils sont censés satisfaire une femme, et c'est une des raisons pour lesquelles ils ne sont pas capables de garder une femme.

Une femme satisfaite sexuellement est beaucoup plus équilibrée émotionnellement, parce qu'elle est capable de libérer des énergies refoulées. Les anciens taoïstes pensaient qu'ils pouvaient atteindre une santé équilibrée en ayant des rapports sexuels. Ils croyaient aussi que cela devait se faire d'une certaine façon. Ils enseignaient des « exercices internes » qui permettaient de maintenir l'énergie sexuelle du mâle et de la femelle comme ils le pensaient. Je vous renvoie au livre déjà cité, *Système complet d'autoguérison* de Stephen Chang.

Quand on fait l'amour à quelqu'un qu'on aime et qu'on se concentre vraiment sur son partenaire, il est possible d'avoir des expériences incroyablement spirituelles et de se rapprocher du divin.

Union du septième plan

Avec une âme sœur compatible, l'union sexuelle peut devenir plus qu'un acte animal et se transcender en quelque chose de spirituel.

Pour améliorer l'expérience sexuelle dans un couple, je recommande l'exercice du cerf taoïste pour les énergies masculine et féminine.

Il peut aider la femme à être plus séduisante, plus sensuelle et plus ferme. Il peut aider l'homme à être plus attrayant et plus endurant. Il peut également synchroniser le corps et aider à la sensibilité. Pratiquer cet exercice pendant un mois peut équilibrer les hormones des deux partenaires.

Ensuite, le couple doit monter au septième plan ensemble en faisant l'amour. Cela donne aux deux personnes l'impression qu'elles sont devenues une seule énergie. L'homme doit être très concentré, clair et discipliné dans cette démarche, pour ne pas perdre de vue ce qu'il fait. Si le couple réussit, cela augmente l'expérience sexuelle et ils peuvent ressentir un lien profond entre eux.

Quand les âmes fusionnent en une union spirituelle, une énergie pure est créée entre les deux personnes, comme un silex frappant l'acier, créant l'étincelle pour le feu. Ce feu s'enflamme dans l'acte d'union spirituelle sexuelle. Quand l'intimité totale est atteinte dans cette union, il est possible d'expérimenter les couleurs, les lumières et les énergies qui sont créées à partir de cette énergie, parce que vous partagez tout votre être, et un lien éternel est créé.

L'union de deux personnes en tant qu'âmes sœurs compatibles est censée être l'une des unions les plus élevées de la spiritualité. Pour moi, c'est ce que le sexe est censé être. Dans une bonne union sexuelle, on doit être capable de partager tout son être avec quelqu'un – tout partager dans une fusion de deux âmes. Quand on trouve son âme sœur la plus compatible, l'union est si profonde que l'on partage réellement des essences de soi-même, même des rêves et des souvenirs.

Cette fusion des âmes n'enlève pas le plaisir du sexe. Certaines personnes disent que le sexe et la spiritualité sont deux choses différentes. Nous l'avons appris de nos ancêtres. Mais en réalité, quand vous fusionnez en tant que vraies âmes sœurs, vous fusionnez en énergie extatique.

Partie III

VIVRE AVEC UNE ÂME SŒUR

Chapitre 11

VIVRE ENSEMBLE

Les unions d'âmes sœurs de vie compatibles font partie de l'évolution de la Terre. En tant que véritables partenaires, les membres d'un couple doivent évoluer et changer ensemble. Une partie de notre développement en tant qu'êtres humains est d'apprendre à accepter les autres pour qui ils sont et ce qu'ils sont. Il est très important de ne pas trop vouloir rendre un partenaire romantique au point de ne pas le voir pour ce qu'il est. L'expression « l'amour est aveugle » s'applique aussi aux âmes sœurs. Il est impératif que lorsque tu trouves ton âme sœur, tu l'acceptes pour ce qu'elle est. Mais tu dois aussi garder à l'esprit que vous pouvez tous les deux devenir de meilleures personnes grâce à l'interaction qui ne peut se produire qu'à partir d'une telle union.

D'une certaine façon, nous faisons ressortir chez nos partenaires ce que nous espérons. C'est pourquoi les gens agissent différemment dans des relations différentes. Nous sommes en train de faire des choix inconscients, de donner des signaux à la personne avec qui nous sommes, de faire ressortir le bien qu'il y a en eux, ou peut-être de faire ressortir le mal.

Par exemple, j'ai enseigné à Guy comment avoir le sens de l'humour, parce qu'au moment où il est entré dans ma vie, il était tellement traumatisé émotionnellement par sa relation antérieure qu'il l'avait perdu !

La personne avec qui tu es devrait avoir une vibration correspondante à la tienne. Si elle ne partage pas ta vision dans la vie, cela peut rendre les choses difficiles. C'est aussi très important pour la santé de ton cœur. Tu peux être affecté(e) par les pensées et les actions des personnes autour de toi.

En réalité, la seule façon de survivre à une relation avec une âme sœur est de t'aimer toi-même. Si tu ne t'aimes pas toi-même, une relation avec une âme sœur peut être très difficile. Si tu t'aimes toi-même, alors tu peux comprendre que tu aimes toujours l'autre, même quand tu es en colère contre lui/elle. Tu ne devrais jamais oublier que tu aimes ton âme sœur.

Mais un amour d'âme sœur n'est pas toujours un amour facile. Même si tu as connu et aimé ton âme sœur dans des vies antérieures, cela ne veut pas dire qu'elle aura exactement le même genre de personnalité qu'avant, et ta personnalité ne sera pas la même non plus. Mais en général, quelle que soit sa personnalité actuelle, une âme sœur saura exactement comment nous mettre en colère, parce qu'elle nous connaît bien.

Une façon d'avoir un aperçu de ce qui se passe est de s'intéresser à l'astrologie.

ASTROLOGIE ET ÂME SŒUR

De la plus grande galaxie à la plus petite particule, tout dans l'univers a une vibration qui le relie à toute l'existence. En raison de l'interdépendance de toutes choses, rien n'arrive par hasard et tout compte dans la vie. Quand tu es arrivé(e) dans ce monde, tu es venu(e) ici pour une raison, et la date de ton arrivée a été programmée pour coïncider avec certaines énergies sur ce troisième plan. Ta date de naissance est liée à ton calendrier divin, ta mission dans cette vie.

En gardant cela à l'esprit, lorsque tu poses des questions intérieures et profondes au Créateur, j'ai une suggestion pour toi. Demande : « Où est le meilleur endroit où je puisse vivre, l'endroit qui apportera ma vibration la plus élevée et stimulera mes énergies extérieures et intérieures ? Quel endroit a la meilleure énergie pour moi, pour mon corps ? Où est l'endroit le plus sain pour moi ? »

Ce que tu *ne devrais pas* faire, c'est poser une question comme « Créateur, où veux-tu que j'aille » ou « Où veux-tu que je sois ? » Je vais te dire pourquoi.

J'ai eu une fois une lecture astrologique d'un professionnel qui a cartographié mon horoscope. Je ne sais pas si tu as déjà fait cette expérience, mais c'est très précis, informatif et profond. Une partie de la lecture portait sur l'endroit où je devrais vivre. On m'a dit que selon mon horoscope, l'Espagne et Hawaï étaient les endroits les plus appropriés à mon énergie, et là où j'habitais, dans l'Idaho, était le pire endroit. Apparemment, vivre dans l'Idaho m'a permis de soulever toutes les questions internes que j'avais, et même de m'attirer toutes les initiations qu'il était possible de vivre.

L'astrologue m'a dit : « Si tu peux apprendre à vivre dans l'Idaho, tu pourras vivre partout. L'Idaho est un endroit malsain pour toi. »

Il était évident que le Créateur savait exactement où me faire vivre pour aborder tous mes problèmes afin que je trouve un moyen de les résoudre. Si j'avais vécu dans un endroit qui était facile pour moi, je n'aurais jamais créé le ThetaHealing, qui (en partie) est né de mon environnement hostile à tous les niveaux de mon être. Certes, cette situation a failli me tuer plusieurs fois, mais j'ai appris à survivre. (Je me suis finalement libérée de tout ça et je suis partie dans le Montana.)

Quand l'astrologue a lu l'horoscope de Guy, il lui a d'abord dit que je serais un défi à relever en tant qu'âme sœur, parce que Guy est bélier et que je suis capricorne. Au début, il n'arrivait pas à comprendre pourquoi nous étions ensemble. Cependant, au fur et à mesure que la lecture avançait, cela devenait clair pour lui : il semble que Guy avait un « doigt de Dieu » dans son graphique. Apparemment, ce n'est pas une chose commune dans un horoscope et cela signifie qu'il est né avec une mission divine spécifique. D'après la lecture astrologique, Guy et moi sommes tous les deux en mission spéciale, et nous allons l'accomplir ensemble.

Il se peut que, lorsque tu commences à sortir avec une personne, ton signe du zodiaque se batte avec son signe. Comme Guy est bélier ascendant bélier, c'est un homme au foyer. Il aime régenter à la maison. Je suis capricorne, ce qui veut dire que ma maison est mon territoire... On se dirigeait donc vers une collision entre un capricorne et un bélier !

Lorsque nous avons emménagé ensemble, Guy avait peur que je retire toutes ses décorations et que je les remplace par les miennes. Finalement, nous avons rassemblé nos objets et nous avons créé un équilibre entre les énergies et les formes d'expression de chacun. Pourtant, il était devenu évident pour moi que la maison était à lui. J'avais le choix de me battre pour la maison ou de le laisser faire, et, après réflexion, je l'ai laissé faire.

Maintenant, la cuisine est à lui et il en est le roi. Puisqu'il en est le roi, il cuisine, nettoie et lave la vaisselle ! Puisque je suis la reine, il cuisine pour moi, me sert les repas et me masse les pieds tous les soirs, mais c'est vraiment lui qui commande à la maison. Celui qui décore, fait la lessive, fait la vaisselle et nettoie la maison a le pouvoir dans la maison, parce qu'il enracine son énergie sous tous les aspects.

Le bureau est à moi, et, de temps en temps, je dois lui rappeler que c'est ainsi. Je suis responsable à l'institut, alors que la ferme, le jardin, le labyrinthe et la maison sont sous sa responsabilité.

Certains disent que l'astrologie n'est que de la poudre aux yeux, mais j'ai observé que, dans l'ensemble, les gens agissent comme leur signe zodiacal et leur ascendant. Si ceux-ci sont différents, les gens semblent agir davantage comme leur signe ascendant. Je suis capricorne ascendant scorpion, et j'agis plus comme un scorpion.

Quand il s'agit de relations amoureuses, regarde ton signe lunaire. Cela montre comment ton subconscient agit et comment tu te comporteras dans une relation amoureuse.

Si tu comprends le signe de ton âme sœur, tu auras une bonne idée de la façon dont elle va agir dans la relation. Comprendre le signe de mon mari m'a aidé à savoir comment réagir avec lui.

S'INSTALLER

Lorsque ton âme sœur et toi vous réunissez pour la première fois, vous commencerez tous les deux un processus. Dans la plupart des relations, la femme remplit la maison de son énergie et la transforme comme elle le souhaite. Cet acte va au-delà du simple style décoratif – c'est un acte de domination directe dans la maison. Il s'agit de savoir qui sera le patron après la fin de la phase de la relation amoureuse (à noter que la phase de relation amoureuse ne devrait jamais avoir de fin). C'est essentiellement une lutte de pouvoir subconsciente entre les partenaires.

C'est quelque chose que tu voudrais éviter. Il est important de prendre du recul et d'envisager la situation dans une perspective plus large. Même avec une âme sœur divine, la vie est faite de compromis. Comme je l'ai indiqué, dans ma relation, lorsque nous avons commencé à avoir des conflits à propos de la maison, j'ai pris du recul et ai laissé Guy dominer la maison. Les capricornes sont vraiment des gens orientés vers leur foyer et il est difficile pour eux de laisser tomber ce genre de contrôle, mais je l'ai fait pour le bien de la relation. J'ai dû sortir du conflit et laisser Guy m'aimer.

Si tu veux te mettre en ménage avec ton âme sœur, tu dois décider qui va faire quoi dans la relation. De plus, vous aurez généralement un travail de croyance à faire ensemble pendant que vous grandissez et apprenez à vous connaître.

D'après ma propre expérience, il est préférable de partager l'énergie de la décoration de la maison avec ton partenaire. Si la femme prend trop de responsabilités, l'homme peut commencer à se sentir insignifiant dans sa maison. Si l'homme est dominant, la femme se sentira impuissante et dépourvue d'expression. Dans les relations homosexuelles, la prédominance dépend de la personnalité des intéressé(e)s, mais la même dynamique est à l'œuvre.

Fais toujours un compromis pour le décor de la maison, pour que cela corresponde à vos besoins à chacun. S'il n'y a pas de compromis dans cet aspect d'une relation, cela peut causer toutes sortes de ressentiments qui s'enveniment dans l'inconscient et qui se manifestent avec des accès de colère.

C'est pourquoi je pense qu'il est préférable que les nouveaux couples ne vivent pas dans une maison qui appartenait auparavant à l'un des deux partenaires. Il est préférable d'emménager dans une nouvelle maison, ce qui offre au couple un nouveau départ sans le poids des croyances qui sont susceptibles d'être inhérentes à l'occupation précédente.

Télécharger du bonheur dans la maison

Lorsque vous vous mettez en ménage, assurez-vous de télécharger le bon type de sentiments dans votre maison, pour créer l'harmonie dans la relation.

Je pense que, à chaque fois que nous touchons un objet inanimé, nous y laissons une empreinte magnétique. Ceci explique comment ce que nous appelons objets inanimés peuvent être programmés avec certains attributs. Nous pouvons utiliser ceci pour charger notre environnement à notre avantage.

Si tu charges les objets dans ta maison avec un but, ils n'émettront que l'énergie de ce but. Ils te le renverront et te donneront un havre de paix où tu pourras ressourcer ton esprit afin que tu puisses entretenir la relation. Par exemple :

- La table de ta cuisine devrait être programmée avec l'énergie qu'il y a toujours de la nourriture en abondance, et que quiconque mange à cette table partira satisfait et repu.

- Tes murs devraient te permettre de te sentir en sécurité.

- Ton canapé devrait être chargé avec une énergie de confort et être accueillant.

- Les statues et les cristaux devraient refléter le sacré et projeter l'abondance. Tous les minéraux enferment des souvenirs. Une des choses que tu puisses faire avec les cristaux est de les télécharger avec l'énergie du septième plan, puis les placer dans une pièce. Ils émettront l'énergie du septième plan dans la maison.

- Le lit devrait être programmé avec le confort, l'amour, le repos et le jeu.

- Les tableaux devraient être chargés avec l'honneur et l'inspiration (en fonction de leur thème).

- Les sculptures devraient être chargées avec l'appréciation de la beauté, la majesté et la puissance.

Programme tous les objets dans ta maison et ton espace avec les intentions que tu désires.

PROGRAMMER UN OBJET INANIMÉ

1. Centre-toi dans ton cœur et visualise-toi descendre dans la Terre Mère, qui est une partie du Tout ce qui est.

2. Monte à travers ton chakra de la couronne dans une balle de lumière et projette ta conscience à travers l'univers, dans les étoiles.

3. Va au-delà de l'univers, traverse les couches de lumière, à travers la lumière dorée, traverse la substance de gelée que sont les lois, dans une lumière blanche perlée et étincelante, qui est le 7e plan de l'existence.

4. Passe la commande et demande :

   « Créateur de Tout ce qui est, il est commandé que cet objet soit programmé avec la capacité de [nomme la capacité]. Merci ! C'est accompli, c'est accompli, c'est accompli. »

5. Sois témoin du téléchargement du Créateur dans l'objet.

6. Dès que le processus est fini, rince-toi avec l'énergie du septième plan et restes-y connecté(e).

Programme ton environnement pour améliorer ta vie

1. Monte au septième plan comme avant.

2. Passe la commande :

   « Créateur de Tout ce qui est, il est commandé que tout dans mon environnement améliore ma vie. Merci ! C'est accompli, c'est accompli, c'est accompli. »

3. Sois témoin des téléchargements sur les objets dans ta maison et ton environnement, avec des énergies qui enrichissent ta vie.

4. Dès que le processus est fini, rince-toi avec l'énergie du septième plan et restes-y connecté(e).

INTERACTION HUMAINE ET NOUVELLE FAMILLE

Les femmes qui ont des enfants offrent quelque chose de plus dans une relation : tu obtiens la femme et les enfants dans le contrat. Quand tu épouses ces femmes, tu épouses toute la famille. C'est parfois une vérité incongrue. L'autre vérité est qu'une grande part des familles (tant riches que pauvres) peut être comme le *Jerry Springer Show*. C'est à prendre en considération quand on épouse quelqu'un. Comment vous entendrez-vous ?

Les petites filles semblent aimer les petits amis/nouveaux maris et les petits garçons aiment les petites amies/nouvelles épouses.

Cette situation peut bien sûr être inversée. Cependant, un homme qui se mettra en couple avec une partenaire qui a des enfants se rendra compte qu'une fille s'adaptera généralement mieux à la situation, tandis qu'un garçon se battra pour sa place d'homme dans la maison. Ces difficultés sont réelles. Quelle que soit la situation dans laquelle tu te trouves, le shopping est une bonne chose à faire avec les petites filles !

Il est important de se rappeler que nous, les humains, agissons instinctivement dans nos relations avec les autres. Par exemple, les hommes ne s'attachent pas aussi facilement aux enfants d'une autre personne que les femmes. Il y a de meilleures chances qu'une femme accepte les enfants d'une autre femme comme s'il s'agissait des siens. C'est parce que, en tant que femelle de l'espèce, par sa nature et son instinct, une femme est nourricière. Nous devons nous rappeler que quel que soit notre niveau de civilisation, nous sommes toujours dans un royaume animal.

Un bon exemple est observé lorsqu'un homme rencontre une femme qui a un petit bébé. Ce bébé commencera instinctivement à produire différentes phéromones, qui sont conçues pour que l'homme en tombe amoureux.

Les bébés adoptés changeront même leurs caractéristiques pour s'adapter aux parents, dans un effort instinctif d'acceptation. Un bon exemple est l'histoire d'un ami médecin, le gynécologue qui était présent à la naissance de ma petite-fille. Au fil des années, il a mis au monde des milliers de bébés, et il les embrasse toujours sur le front après la naissance (avec son masque). Un jour, il a accouché un petit garçon et a montré l'enfant à la mère, mais elle a dit : « Emmenez-le loin de moi. Je ne veux plus le voir. » Mon ami a appelé sa femme et lui a demandé s'ils pouvaient adopter le petit garçon. Elle était d'accord. Au fil du temps, le garçon ressemblait plus au médecin que ses enfants biologiques.

C'est le genre d'interactions humaines qui pousse une mère à vouloir instinctivement prendre soin d'un bébé. Un bon exemple de ce genre de comportement chez les femmes est celui de mes filles, lorsqu'elles ont eu leurs propres enfants. Je leur ai permis de s'occuper d'eux au travail, et toutes les autres femmes du bureau ont assumé la responsabilité de s'occuper des bébés. Et l'énergie entre les collègues femmes est devenue beaucoup plus douce.

Pour prendre un autre scénario, lorsqu'un divorce survient, le parent qui reste à la maison et les enfants s'adaptent aux changements de leur environnement et échangent leurs rôles. Si le père part, la mère s'adapte, devient salariée et assume le rôle du père, et l'un des enfants plus âgés assume le rôle de la mère.

Il peut être très difficile pour les enfants de s'adapter aux changements lorsque leurs parents se mettent en couple avec un autre partenaire après le divorce. Un enfant comblera un vide dans la famille selon les besoins : par exemple, lorsqu'une mère célibataire rencontrera un nouvel homme, son fils deviendra naturellement antagoniste à son égard, puisque l'homme s'immisce sur son territoire. Cela peut représenter un défi pour la mère et est à l'origine de nombreux conflits entre les beaux-pères et les jeunes garçons. Un beau-père acceptera généralement les filles plus facilement que les garçons, puisque les garçons seront en compétition.

Ce que je trouve difficile, c'est quand les mères refusent de partager leurs enfants avec le beau-père. Dans bien des cas, on ne veut pas partager l'amour que l'enfant a pour soi. Dans cette situation, si les croyances de la mère sont modifiées pour qu'elle puisse partager l'amour de l'enfant avec le beau-père, alors la dynamique familiale peut changer. Le travail sur les croyances devrait être la première chose à faire lorsqu'il y a un autre partenaire dans le ménage.

Si un beau-père a des enfants issus d'une relation antérieure, il peut favoriser ses propres enfants plutôt que ceux de la nouvelle relation, alors qu'une belle-mère accepte souvent tous les enfants. Je pense que les mères qui n'acceptent pas les enfants n'ont pas de récepteurs de phéromones comme les autres femmes.

Peu importe la dynamique de la nouvelle famille, elle peut être changée en utilisant les téléchargements :

- Pour l'homme : « Je peux accepter l'enfant d'une autre personne comme si c'était le mien. »

- Pour la mère : « Je sais comment partager mes enfants avec une autre personne. »

- Pour l'enfant : « Je sais comment accepter cette personne comme un parent supplémentaire. »

Chapitre 12

RÉCUPÉRER UNE RELATION… OU AVANCER

Lorsqu'un couple se marie pour la première fois, la passion et l'amour sont présents dans la relation, mais au fil du temps, ils peuvent oublier qu'il est important de faire ressentir à l'autre qu'il est spécial, et les femmes en particulier veulent que ces choses se produisent spontanément. J'ai vu beaucoup d'hommes qui ont oublié de continuer à être romantiques, mais le mariage est une relation à double sens, et souvent les femmes ne se rendent pas compte que les hommes ne fonctionnent pas de cette façon et ont besoin qu'on leur dise qu'ils doivent être romantiques.

J'ai souvent vu une femme qui avait l'impression que son mari était son âme sœur quand ils se sont mariés, mais avec le temps, on commençait à sentir qu'il manquait quelque chose dans la relation. Elle voulait un chevalier en armure brillante, qui soit à ses pieds dans une brume violette de romance et de passion !

Tout le reste de la relation aurait pu bien fonctionner et il aurait fallu des années pour que l'homme devienne ce qu'elle veut, mais elle voulait finalement se débarrasser de lui. Quelque temps après leur divorce, elle s'est rendu compte qu'il lui manquait terriblement.

Son chevalier ne se matérialisait pas ; elle s'est rendu compte que son ex-mari était son âme sœur.

Beaucoup de gens divorcent ou quittent une relation à long terme avant qu'ils ne le devraient. Ce n'est que lorsqu'ils se séparent ou divorcent qu'ils se souviennent à quel point ils aiment l'autre personne, et, à ce moment-là, cette personne est probablement passée à autre chose.

Récupérer une relation vaut la peine d'y consacrer du temps, car les relations à long terme, le mariage et la famille sont importants, tout comme les sentiments et l'énergie que deux personnes créent entre elles.

Cependant, vous ne pouvez pas récupérer ces sentiments tout seul. Si l'un d'entre vous veut maintenir la relation et que l'autre ne le veut pas, cela rend la situation très difficile.

LISTES À CRÉER

Au moment où une relation a besoin d'être réparée, nous avons créé dans notre esprit des listes de choses que nous n'aimons pas chez l'autre personne.

Donc, le premier exercice que je suggère est d'écrire tout ce que vous appréciez et aimez au sujet de la personne avec qui vous êtes. Cela vous rappellera toutes les raisons pour lesquelles vous êtes tombés amoureux. Cela vous ramènera au commencement, quand votre amour était frais et nouveau.

Une fois que vous vous serez rappelé tous ces sentiments positifs, je vous suggère de les amplifier un peu, et peut-être pourrez-vous retrouver l'amour que vous avez perdu.

Le travail sur les croyances est l'étape suivante que je suggère pour les couples vivant une relation compliquée. Quand le séminaire « âmes sœurs » a été donné pour la première fois, il a réparé de nombreux mariages et relations, parce qu'il a donné aux couples un moyen de récupérer leurs sentiments par le travail sur les croyances.

ROMPRE

Toutes les relations entre âmes sœurs ne fonctionnent pas forcément. Pour de nombreuses raisons, l'un des partenaires peut cesser d'aimer l'autre. Lorsque cela se produit, les intéressés ne veulent plus être ensemble et les choses ne peuvent pas être résolues.

La vie est faite de choix. Si tu veux interrompre ta relation actuelle, c'est entre toi et Dieu. Demande à Dieu si ta relation pourrait (ou devrait) être sauvée, et comment.

Il est important de garder des lignes de communication ouvertes avec la personne. Tu peux être avec ton âme sœur compatible sans le savoir. Cela peut être dû au fait que vous ne communiquez pas assez.

Mais si tu constates que cette relation ne peut être sauvée, c'est à ce stade que tu devrais décider de demander une nouvelle âme sœur.

De plus, lorsque tu romps avec quelqu'un, il est préférable de s'abstenir d'avoir des relations sexuelles avec cette personne pendant au moins trois à quatre semaines afin de ne pas avoir de lien profond qui vous unisse.

Le lien sexuel est l'une des raisons pour lesquelles les gens ont tant de difficultés à rompre. Lorsque nous nous engageons de façon romantique avec quelqu'un, notre énergie spirituelle s'intègre à cette personne dans une certaine mesure. Comme nous l'avons vu, lorsque nous avons des rapports sexuels avec eux, nous échangeons de l'ADN à la fois physique et spirituel, et cela dure au moins sept ans. Cet ADN spirituel est l'une des raisons pour lesquelles beaucoup d'entre nous ont du mal à se détacher d'une personne, même en cas de divergences irréconciliables. Nous devons reprendre les fragments d'âme que nous leur avons donnés, mais le corps ne peut en accepter qu'un nombre limité à la fois, de sorte que ces fragments d'âme ne peuvent revenir à nous que par couches.

Récupérer les fragments d'âme des relations passées

Cet exercice est incroyable pour ta force spirituelle. Tu penses toujours à un amour d'il y a 10 ans ? Il se peut que tu portes toujours un fragment d'âme de cette personne. Pour libérer et remplacer les fragments d'âme d'une personne en particulier, il faut ordonner que tous les fragments d'âme qui ont été échangés soient rincés, purifiés et retournés à chacune des parties. Si tu es actuellement dans une relation heureuse avec quelqu'un et que tu as l'intention de rester en couple, il n'est pas nécessaire de rappeler les fragments d'âme que vous avez échangés. Si tu décides de récupérer tes fragments d'âme d'un ancien amant ou conjoint, ne sois pas surpris s'ils t'appellent de nulle part pour tenter de rétablir un lien avec toi. Beaucoup de gens qui ont effectué notre premier séminaire « âme sœur » ont rétabli leur lien avec leurs amours d'enfance et se sont mariés avec eux.

Il y a deux façons de récupérer des fragments d'âme.
L'une consiste à faire le processus sur une autre personne ;
l'autre est de faire le processus sur toi-même.

1. Centre-toi dans ton cœur et visualise-toi descendre dans la Terre Mère, qui est une partie du Tout ce qui est.

2. Monte à travers ton chakra de la couronne dans une boule de lumière et projette ta conscience toujours plus haut, traverse les étoiles jusque dans l'univers.

3. Va au-delà de l'univers, traverse les couches de lumière, à travers la lumière dorée, traverse la substance de gelée que sont les lois, dans une lumière blanche perlée et étincelante, qui est le 7ᵉ plan de l'existence.

4. Passe la commande et demande :

   Pour quelqu'un d'autre : « *Créateur de Tout ce qui est, il est commandé que tous les fragments d'âme de toutes les générations, de tous les temps et entre-temps de [nom de la personne] soient libérés, purifiés et lui soit rendus. Merci ! C'est fait, c'est fait, c'est fait.* »

> *Pour toi-même :* « *Créateur de Tout ce qui est, il est commandé que tous les fragments d'âme de toutes les générations, de tous les temps et entre-temps de [nom de la personne] soient libérés, purifiés et me soient rendus, [nomme-toi]. Merci ! C'est fait, c'est fait, c'est fait.* »

5. Sois témoin des fragments qui sont rendus à chacun.
6. Dès que le processus est fini, rince-toi avec l'énergie du septième plan et restes-y connecté(e).

DIVORCE

Personnellement, je suis très reconnaissante de l'institutionnalisation du divorce, parce que cela m'a permis de quitter des relations qui, de toute évidence, ne fonctionneraient pas. J'ai divorcé trois fois avant de rencontrer Guy.

Je dois admettre que j'ai été un peu naïve dans mes relations quand j'étais plus jeune. Les deux premiers hommes que j'ai épousés étaient incompatibles avec moi et le troisième était très particulier ! J'aurais dû sortir avec ces hommes beaucoup plus longtemps avant de les épouser et, si je l'avais fait, il est probable que j'aurais constaté que nous n'étions pas compatibles.

Aux États-Unis, beaucoup de couples divorcent, surtout parce qu'ils se rendent compte qu'ils sont avec le mauvais partenaire. Mais parfois, les gens divorcent parce qu'ils ne veulent pas avoir à traverser des moments difficiles pour arriver à s'entendre à nouveau.

De nombreuses personnes se rendent compte après avoir rompu que leur ex-mari ou leur ex-femme était en fait leur âme sœur, parce qu'elles cherchaient leur âme sœur au lieu de travailler sur leur relation. Cela a été le cas de nombreuses femmes avec lesquelles j'ai travaillé au fil des ans. D'une certaine façon, le divorce est bon pour ceux qui sont incompatibles, et mauvais pour ceux qui ont quitté le navire trop tôt.

Si une situation ne peut être résolue, le divorce est inévitable. S'il y a des enfants issus de la relation, il est important que cette transition se fasse le plus facilement possible pour eux. Le divorce peut devenir si désagréable que les parents parlent mal l'un de l'autre devant les enfants. Cette situation doit être évitée. Les enfants méritent par ailleurs de voir les deux parents après la rupture.

Divorce énergétique

Comment libérer un engagement qui ne te sert plus :

1. Centre-toi dans ton cœur et visualise-toi descendre dans la Terre Mère, qui est une partie du Tout ce qui est.

2. Monte à travers ton chakra de la couronne dans une boule de lumière et projette ta conscience toujours plus haut, traverse les étoiles jusque dans l'univers.

3. Va au-delà de l'univers, traverse les couches de lumière, à travers la lumière dorée, traverse la substance de gelée que sont les lois, dans une lumière blanche perlée et étincelante, qui est le 7e plan de l'existence.

4. Passe la commande et demande :

   > « Créateur de Tout ce qui est, il est commandé que [nomme la personne] et moi soyons libérés de tous les engagements de ce mariage passé, pour notre meilleur et notre plus élevé, afin que je puisse rencontrer mon âme sœur. J'ai la définition correcte de toutes les personnes dans ma vie et de Dieu. Merci ! C'est accompli, c'est accompli, c'est accompli. »

5. Sois témoin de l'énergie du lien envoyé dans la lumière du Créateur.

6. Dès que le processus est fini, rince-toi avec l'énergie du septième plan et restes-y connecté(e).

Il faut que tu comprennes que rien n'est pas gravé dans le marbre. Tu peux changer ta réalité pour faire de la personne avec qui tu es actuellement ton âme sœur. Cette information n'est pas une permission pour rompre ta relation actuelle. Tu es peut-être avec ton âme sœur et tu ne le sais même pas !

Quelle que soit ta situation, voici ma prière d'âme sœur :

> « Créateur de Tout ce qui est,
> tout ce que je peux et veux être, aujourd'hui, à ma demande,
>   je te le donne comme une prière.
> Je prie pour que je trouve mon âme sœur, celle qui est pour moi.
> Celui qui peut se joindre à moi,
> et me permettre d'être libre.

Je prie pour que cette personne soit la seule et l'unique.
Celle qui rend mon cœur grand,
et qui ne fera qu'un avec moi.

Je prie pour que tu écoutes mon appel et que je puisse trouver celle ou celui qui me convient.

Au-dessus des eaux et de la mer,
je sais qu'il y en a une pour moi.
Je prie pour que je la retrouve bientôt,
et qu'elle me trouve.
Alors nous vivrons nos vies ensemble
comme un seul être.

Je sais qu'être avec un autre n'est pas facile,
je sais qu'être avec un autre peut être un défi,
c'est quelque chose qui m'emplit de joie.
Je prie pour que je puisse trouver celui qui partagera ma vie,
qui regardera les couchers de soleil, qui rira et jouera avec moi.

Pour grandir ensemble jusqu'à ce que nous soyons très vieux,
jusqu'à ce que le temps de partir soit venu,
je prie pour que nous partions ensemble pour un plan supérieur.
Cet amour véritable, je le mérite, avec cette demande,
je prie maintenant pour que l'on me serve bientôt. »

J'espère avoir pu t'aider sur ton chemin de recherche d'une âme sœur compatible. Bonne chance !

SOURCES

ThetaHealing® est un mode de guérison par l'énergie fondée par Vianna Stibal, basée à Bigfork, Montana, avec des instructeurs certifiés à travers le monde. Les séminaires et les livres de ThetaHealing® sont créés comme un guide thérapeutique pour développer la capacité de l'esprit à guérir. ThetaHealing® propose des séminaires et les livres suivants :

ThetaHealing® (Hay House, 2006, 2010)

ThetaHealing® Avancé (Hay House, 2011)

ThetaHealing® Maladies et troubles de la santé (Hay House, 2011)

Sur les ailes d'une prière (Hay House, 2012)

ThetaHealing® Rythme pour trouver ton poids idéal (Hay House, 2013)

Les 7 plans de l'existence (Hay House, 2016)

Pour plus d'informations sur le calendrier des séminaires de ThetaHealing® : www.thetahealing.com. Nous sommes aussi sur les réseaux sociaux :

 ThetaHealingbyVianna

 ThetaHealingbyVianna

 @thethetahealing

 thethetahealing

 ThetaHealingVianna

 www.thetahealing.com
www.thetahealingworldwide.com

À PROPOS DE L'AUTEUR

Vianna Stibal est une jeune grand-mère, artiste et auteure. Son charisme naturel et sa compassion pour ceux qui ont besoin d'aide l'ont amenée à se faire connaître pour ses capacités de guérisseuse, d'intuitive, et de formatrice. Après qu'on lui a enseigné comment se connecter avec le Créateur pour co-créer et faciliter ce processus unique que l'on appelle ThetaHealing®, Vianna a su qu'elle devait partager ce don avec le monde. C'est cet amour et son appréciation pour le Créateur et l'Humanité qui lui ont permis de développer la capacité de voir clairement dans le corps humain et d'être témoin de nombreuses guérisons instantanées. Sa connaissance encyclopédique du corps humain et sa compréhension profonde de la psychologie humaine, basée sur ses propres expériences autant que sur les idées apportées par le Créateur, a fait de Vianna la parfaite praticienne de cette incroyable technique. Elle a eu de nombreux succès avec de grands défis médicaux comme l'hépatite C, le virus d'Epstein-Barr, le sida, l'herpès, divers types de cancers, et beaucoup d'autres troubles, maladies et problèmes génétiques. Vianna sait que la technique ThetaHealing® peut être enseignée, mais surtout, elle sait qu'elle doit être enseignée. Elle donne des séminaires à travers le monde pour enseigner à des personnes de toutes races, croyances et religions. Elle a entraîné des instructeurs et des praticiens qui travaillent dans 14 pays, mais son travail ne s'arrête pas là ! Elle s'est engagée à propager ce paradigme de guérison à travers le monde.

Guy Stibal est un ancien propriétaire de ranch, historien, écrivain, romantique et suiveur de la connaissance brillante de toutes choses. Il a été l'inspiration spirituelle de Vianna dès 1998, lorsqu'ils se sont trouvés et qu'ils sont allés sur les ailes de la prière pour créer le ThetaHealing®.

www.thetahealing.com

NOTES

www.ingramcontent.com/pod-product-compliance
Lightning Source LLC
Chambersburg PA
CBHW052056230426
43662CB00037B/1946